スクール & 教室運営のための

生徒集客BIBLE《バイブル》

佐藤 仁

はじめに

英会話スクールにみるスクールビジネス業界とスクール運営の落とし穴

「良いレッスンをしていれば必ずスクールはお客さまに認められる」「そうすれば必ずスクールは繁栄するはずだ」

このように考えるスクール経営者は多いようです。

確かに商品であるレッスンを良いものにすることは必要であり、良いレッスンを提供すれば、生徒が認めるのも間違いありません。

こうした考え方は、スクール業界に限ったことではなく、日本企業の多くが抱いている思いで、いわば「モノづくり信仰」といってもよいでしょう。

しかし、ここに大きな落とし穴があります。携帯電話の例で見てみましょう。

日本のメーカーが作る携帯電話は、海外メーカーの携帯電話と比べるとずばぬけた品質と機能を持ちます。しかし海外では、フィンランドのノキアや韓国のサムスンに歯が立ちません。これは日本のメーカーが技術におぼれ、マーケティングをおろそかにした結果、世界の消費者が求めるものがわからず、機能ばかり追い求めてしまったわけです。

このことはエアコン、洗濯機など他の製品にもいえますし、スクール業界にもいえることです。マーケティングの知恵や知識を無視してひたすら良いレッスンをしようとすると、消費者が求めるものが見えなくなってしまうのです。

そもそも誰のために「良いレッスン」を行うのでしょうか。また、誰が「良いレッスン」と感じるのでしょうか。これはいうまでもなく、決めるのはお客さまである生徒であり、生徒が求めないレッスン技術をひたすら追求しても、単なる自己満足にすぎません。

このような自己満足にならないためには、マーケティングやサービスに関する知識を知ることが必要です。

ところが、これだけ情報が溢れる現在でも、スクール経営に関する書籍はほとんど出版されていません。大手コンサルティング会社主催のセミナーはみな高額で、あまり実践的ではありません。私も英会話スクールの経営者時代に多くのセミナーに参加したものの、効果があって具体的な方法はなかなか知ることができませんでした。

しかし、私は生徒集客や生徒へのサービス方法を独自に確立して、開業資金ゼロから2年間で6500名の生徒を集めることができました。そしてその後、経営不振に悩む多くのスクールの助けになればと独立開業し、現在はスクールコンサルタントとして活動しています。

スクール経営者の悩みは、実際に経営した人にしかわかりません。そこで今回、私が英会話スクールの経営者時代に培ったノウハウや、コンサルタントとしてスクール経営に携わってきたなかで得たスクール経営の改善方法を1冊の本にまとめて紹介しました。

もし、あなたのスクール経営があまりうまくいかず、「良いレッスンさえしていれば、生徒は自然に集まってくる」「ウチのスクールは有名じゃないから、生徒が集まりにくい」「少人数制や独自カリキュラムがスクールの差別化である」と考えているのであれば、その誤解をひとつずつ解いていきます。

また「生徒が思うように集まらない」「生徒の退会が止まらない」「授業料の回収がうまくいかな

い」「スクール運営が面白くない」と感じているのであれば、それを解消する具体的な方法を紹介していきます。本書の構成は次のとおりです。

まず第1章では、スクールビジネスに対する経営者の誤解を指摘します。

第2章では、スクール運営に不可欠な生徒集客の方法を、私の実例をもとに解説します。

第3章では生徒集客の戦術を、チラシ作成、ホームページ作成、口コミ、広告媒体、さらに実践編に分けて解説します。特にチラシ作成や広告媒体については、多くのスクールの誤解についても触れます。

生徒集客がうまくても、すぐに退会してしまえば、授業料は安定的に入ってきません。第4章では生徒に長く通ってもらう方法を解説し、また、第7章では退会対策について具体的に説明します。スクール運営では、消費者のニーズを知ることが大切です。そこで第5章では、消費者がスクールを選ぶ基準について、子ども英会話スクールを例に7つの条件をまとめています。

第6章では、スクールの大切な収入源である授業料の設定方法を説明するとともに、私が実践した未回収率ゼロの回収方法を紹介します。

第8章では、教室展開の際に必要な、教室の探し方や家賃交渉について説明します。ここでは、教室の立地は目立つ場所がいいかどうかなどといった問題も取り上げます。

そして最後の第9章で、経営難に陥る前に必要な対策について説明しています。

個人経営者・中小スクール経営者、営業担当・教務担当などのみなさんに、本書が少しでもお役に立てれば幸いです。

目次

第3章 生徒集客の戦術
～生徒はこうして集めよう～

第4章 生徒の出席率の重要性を知ろう
～スクール経営の盲点。出席率がスクール経営のカギを握る～

第5章 こんなスクールが選ばれる

~子ども英会話スクールに見る、選ばれるスクールの「7つの条件」とは~

第6章 授業料のチェックと回収法

~スクール経営の収入源、授業料の設定方法と回収方法~

第7章 生徒の退会に対する考え方を知ろう
～生徒がやめないために必要なこととは～

第8章 新たな教室展開を考えるなら
～教室展開時の教室の選び方と家賃の交渉法～

第9章　経営難に陥る前に

～スクールがなくなる前に考えておきたいこと～

おわりに

第1章

繁栄するスクールビジネスはココが違う

～繁栄するスクールに欠かせない「3つの要素」とは～

1-1 スクールビジネスへの大誤解

生徒集客の前に知っておくべきこと

スクールビジネスは、教育産業です。そのため多くのスクール経営者や管理者が誤解していることがあります。それは、レッスンやカリキュラムなどの「サービス」がよければよい、それだけで充分だ、という考え方です。

確かに、教育産業なので、教育に必要なレッスンやカリキュラムがしっかりしているスクールは、すばらしいことに間違いありませんが、それだけではスクール経営をするためには充分ではありません。

また『少人数制』が良いレッスンにつながり、『独自カリキュラム』がスクールの差別化になると考えている経営者も少なくありません。こうした経営者は、平気でこんなことをいいます。

「私はサービスに力を入れています。生徒あっての教室です。誠心誠意、努力して続ければ、自然に教室の規模も大きくなるものですよ」

この考え方を少し掘り下げて見ると、次のようになります。

サービスに力を入れると、必ずお客さまである生徒が評価してくれるだろう。そうなれば、社員もやる気が出るだろうし、それを見た生徒はさらに気分が良くなるはずだ。

すると生徒は、きっと回りの人にこのスクールの良さを伝えてくれるに違いない。この口コ

ミが売り上げにつながり、スクールを大きくしてくれる。これこそが誠心誠意の姿勢で商売するというものだ。

いかがでしょうか。いかにも説得力があるように思えます。しかし、実はここに落とし穴があります。私はこうした考えで経営するスクールをたくさん知っていますが、それこそ風に吹き飛ばされる葉っぱのように、あっけなく消えてしまうのを見てきました。そして、経営が行き詰まっても「お客さまに喜んでもらえた」「精一杯努力した」「大手のスクールでは考えられないぐらいのサービスを行った」という経営者の声を聞いてきました。これが現実です。

このような経営者は、経営の意味を履き違えています。彼らは「良いサービスを提供すること」イコール「経営」と考えているのですが、その考え方は間違っています。

経営はサービスだけでは成り立ちません。サービスにマーケティングが加わって初めて経営になるのです。マーケティングとは、いかに売り上げを伸ばすかを考えることです。これが欠けたら、それはビジネスではなくボランティアです。会社が発展することでお客さまに安心感を与えることができるのです。単に良いサービスを提供するだけでは、生徒は安心できません。このように、会社が発展することと生徒に安心感を与えることは表裏一体で、切り離して考えることはできません。

繰り返しますが、サービスとマーケティングは車の両輪のようなもので、両者がそろって初めて経営が成り立ちます。別の言い方をすれば、サービスは理想の追求、マーケティングは実利の追求。このふたつがそろって初めて経営が成り立ちます。理想に傾きすぎても、実利に傾きすぎてもいけません。

サービスに力を入れるスクール経営者には、人間的にできた人が多いのですが、残念ながら消費者が向いている方向を見ていません。だから、なかなか成功することができないのです。

このことを具体例で見てみましょう。今、次のふたつの英会話スクールがあるとします。

【Aスクール】

・経営者はアメリカの大学院卒
・スクールは駅前のビルの60平米のフロア
・一度に多くの生徒にレッスンする形式

【Bスクール】

・経営者は日本の高校を卒業して1年間語学留学した脱サラ経営者
・スクールは駅から坂道を登って徒歩10分のワンルームマンション
・少人数制でレッスンする形式

このとき、肝心なお客さまはどこを見ているのかというと、カリキュラムの内容が同じであれば、利便性を見ています。むしろカリキュラムよりも先に利便性を見るお客さまも多いのです。

これが現実なのですが、このことを知らずに「良いサービスさえ提供すれば」と考えていたら、Bのようなスクールはいつまでたっても売り上げは伸びず、最悪の場合は倒産に至ります。

だからといって、サービスの質を落とせといっているのではありません。私は「サービスにこだわりすぎて、お客さまが本当に望むものに気がついていないのではないですか？」といいたいのです。

英会話業界は毎年伸びていますし、今後も英語を学ぼうとする人はますます増えていくでしょう。そのなかで、サービスに情熱を燃やす経営者が消えてしまうのは、とても残念です。倒産してしまったら、良いサービスを提供できません。「ウチはサービスが自慢」という声もはかなく聞こえてしまいます。

スクールが倒産して損をするのは、経営者や社員だけではありません。それまで支持してくれた生徒も損をします。皮肉なことに、良いサービスに固執すればするほど、生徒を路頭に迷わすことになるのです。厳しいことをいうようですが、まずはこうした現実を直視してほしいのです。

売り上げを伸ばし、経営を安定させるためには、なんといっても生徒集客のノウハウが必要になりますが、それを説明する前に、まずはビジネスの3つの要素について知っておいていただきたいと思います。それは**「サービス業の要素」「製造業の要素」「小売業の要素」**です。

スクールビジネスはサービス業ですが、繁栄するスクールになるためには、他に「製造業の要素」と「小売業の要素」も必要不可欠です。ちなみに、このことは他のサービス業にも当てはまります。

たとえば都心で乱立状態にある美容室業界を考えてみましょう。美容室で最も重要な要素は美容師の技術です。技術の未熟な美容師しかいない美容室には誰も行こうとは思いません。

しかし、それだけでは消費者の心を掴むことはできません。美容師によって、またはその日の美容師のモチベーションによって技術に差が出れば、消費者は離れていきます。サービスの品質は均一に保たなくてはなりません。これが製造業の要素です。

とはいえ、単に品質を保つだけでは充分とはいえません。「いつもとは違って、ちょっと髪の色をかえたい」「今までの雰囲気を変えたい」というお客さまの要望にも応えられなくてはなりません。そのためには、多くのサービスを用意し、お客さまがいつでも選べるようにする必要があります。また、売り場力も必要です。きれいで雰囲気の良い美容室でなければ、女性客の心は掴めません。こうしたことが小売業の要素となります。

このように、たとえサービス業といえども、そこには製造業や小売業の要素も必要になってきます。まずは、この点をしっかりと認識してください。

1-2 サービス業の要素 ～「生徒＝お客さま」と考える～

「生徒＝お客さま」思考が必要

あなたのスクールでは生徒のことをどのように呼んでいるでしょうか？「生徒さん」「会員さん」それとも「お客さん」でしょうか？

スクールは教育業といえども、学校教育ではありませんし、ましてや小学校や中学校のような義務教育でもありません。あくまでもサービス業、ビジネスなのです。ですから、通っていただくという気持ちを忘れてはいけません。そのためには、生徒のことを「お客さま」と呼ぶべきです。このことを忘れないようにしてください。

では次に、教える人を何と呼んでいるでしょうか？「先生」でしょうか。それとも「講師」でしょうか。

これも、やはりいろいろな呼び方があると思いますが、サービス業というビジネスの観点からすれば、「講師」と呼ぶべきでしょう。

講師つまり「インストラクター」という考えで教える側が生徒に接しないと、レッスンは「サービスの提供」だという意識が持てず、生徒が満足するレッスンを与えることができません。

あなたは、大切な生徒にお客さまという意識で接しているでしょうか。先生としてではなく、講師として接しているでしょうか。さらに、サービス業者として、「おもてなし」の気持ちを持って接しているでしょうか。

私たちには生徒を拘束する力はありません。

たとえば、授業料を1年先払いやチケット制にしたとしても同じです。生徒は、中途解約する権利を持っています。スクールがいやになれば、いつでも退会することができます。

そのため、次回のレッスンにも喜んで来ていただくことができるかどうかが非常に重要となり、毎回のレッスンに妥協は許されません。

もし、あなたが飲食店に行って食べたものがまずかったり、接客対応に気分を害したりしたら、もう一度そのお店に行くでしょうか？

これと同じで、生徒に長く通ってもらえなければ、あなたのスクールの収入は安定しませんし、また生徒にとっても中途半端なレッスンでは何も得るものがありません。そこでは、大切なお客さまである生徒に対する「おもてなし」の考えが必要になります。それは、数あるスクールのなかからあなたのスクールを選び、わざわざ時間を割いて教室に来てくれたお客さまへの感謝の気持ちで接することにほかなりません。

たとえば、講師がお客さまとのコミュニケーションを怠らないのはもちろんのこと、受付のスタッフも「○○さん、今日のレッスンはいかがでしたか？　頑張ってくださいね」などと声を掛けることが必要です。

必要以上のコミュニケーションはいりませんが、講師だけではなく、スクール全体でお客さまに心をこめて接するようにしましょう。そのためにも、講師を含め社員全員のサービス力とおもてなし力の向上が必要になるのです。

好感度アップは電話対応から

習い事を始めたいときにチラシや販促物を見て、直接スクールに見学に来る人もいますが、通常はスクールの訪問前に、まずは電話で問い合わせてきます。

その場合、電話対応をするスタッフが見込み客と初めて接触することになり、そのときの電話対応が見込み客にとってはスクールの第一印象になります。これだけでも、電話対応の重要性がお分かりになるでしょう。

たとえ、どれだけすばらしい外装の教室であっても、問い合わせをしたときの対応が悪ければ、印象は一気に悪くなってしまいます。逆に、電話対応ひとつで、好印象を持ってもらうこともできます。

次に電話対応で必要なポイントをまとめておきますので、参考にしてください。

▼電話の呼び出し音は3回以内に出る

このことはスクールに限らず、多くの会社でも言われているのではないでしょうか。しかし、実際にはできていないスクールが多いように思います。

また、電話は早く取りすぎるのも問題です。なかには、1コールで取るスクールもあります。電話をかけてきた方を待たせないという点ではいいのですが、1コールで取ると、少しせわしない感じがしますし、いつも暇なのかと思われてしまいます。

常駐しているスタッフが、こぞって電話を一番にとるという姿勢は大切ですが、それが過剰になるとかえって逆効果になるので気をつけてください。

▼電話に出るときは、名前を名乗る

これも一見当たり前なことに思えますが、実際にはできていないスクールが多いのです。

特に個人経営のスクールで多くみられるのですが、スクールは自宅ではないのですから、最低限スクール名くらいは言わないといけないでしょう。

さらに、できれば「お電話ありがとうございます。○○スクールの××でございます」というように、最初に電話をいただいたことに感謝し、自分の名前も告げるようにしましょう。これだけでも、相手に与える印象は格段にアップします。

相手から聞かれて初めて自分の名前を名乗るのではなく、自ら名乗るよう心がけるべきです。

▼電話で聞かれたことすべてに答えない

電話で問い合わせがあった場合、電話に出たスタッフは、聞かれたことにていねいに答えようとします。その姿勢は大切ですが、相手の質問にこと細かに答えるのは間違いです。

問い合わせがあった場合、まずはその見込み客にスクールまで来てもらうことが第一です。電話ですべて話したら、見込み客は自分の聞きたいことがすべてわかり、わざわざスクールに行って説明を受けようとは思わなくなります。ですから、電話での問い合わせに対しては、あまり答えすぎないことです。

とはいえ、全く答えないと印象が悪くなるので、必ず「担当者からご説明しますので、一度おこしください」の一言を添えるようにしてください。こう伝えても、見込み客が不信に思うことはありません。むしろ、「しっかりしたスクールだ」という安心感を与えることができます。

▼体験レッスンの日時を見込み客任せにしない

見込み客の都合を確認してから体験レッスンを案内するスクールがありますが、それは間違っています。もし体験レッスンを行っていない日を指定されたら、困ってしまうからです。

体験レッスンを案内する際には、必ずこちらから、「○日の△時からと、×日の×時からの体験レッスンがありますが、どちらがよろしいですか？」というように、こちらの日時をいくつか告げて、相手側に選ばせます。相手の都合にあわせるよりも、こちらからいくつか特定の日時を指定したほうが、かえって信頼されるものです。

このように、電話対応ひとつにしてもいろいろなやり方があり、それによって見込み客が受ける印象はかなり変わってきます。

「そんなことは、とっくにできている！」と感じている経営者や管理者も多いと思いますが、実際に私がいろいろなスクールに電話で問い合わせてみると、これではちょっと……と思うことがかなり多くあります。

電話対応は、経営者や管理者だけでなく、スタッフ全員がきちんとできなければ意味がありません。

電話をかける側にとっては、初めて電話対応する人物が、そのスクールの第一印象になるわけですから、電話に出る人によって対応が変わらないように徹底する必要があります。

1-3 製造業の要素

～「商品＝講師＝レッスン」の発想で商品を開発する～

講師のモチベーションによってレッスンの質がばらつかないようにする

スクールの商品は、講師が行うレッスンです。そのレッスンが講師のモチベーションによってばらつくようでは、商品の品質面で問題ありと言わざるをえません。

そのため、品質をいかに均一化するかがポイントになります。どんなにすばらしいカリキュラムを持っていても、そのカリキュラムを使ってレッスンをする講師のモチベーションによって品質に差が出るということは、飲食店でいえば、どれだけすばらしい素材を仕入れても、それを料理する人のモチベーションで味に差が出てしまうようなものです。これではお客さまから信頼されません。

ですから、講師や講師のモチベーションにかかわらず、レッスンの品質を一定にする必要があります。簡単にいえば、楽しさ、わかりやすさに大きな差が出ないようにする、ということです。

そこで必要になるのがマニュアル化です。楽しくわかりやすいレッスンの方法をマニュアルにまとめ、それを講師に徹底してもらいます。

このようにいうと、「レッスンが画一的になり、講師の個性を引き出すことができない」という反論の声が聞こえてきそうですが、そもそも講師の個性に頼ってレッスンをしていこうと考えること自体が、レッスンにばらつきをもたらす最大の原因なのです。品質面での管理では、このことを理解してください。

もちろん講師の個性を否定するつもりはありません。個性も必要ですが、その前に、商品としてのレッスンの質を、最低限お客さまの満足のいくものにするために、ばらつきを抑える必要があります。

また、講師の技術を向上させるためには、レッスンをできる限りシンプルに体系化することが大切です。そして、それを短期間の研修で習得できるようにマニュアル化したうえで研修を行うことです。

レッスンの「品質」「開発」「コスト」とは？

【レッスンの品質】

先ほどお伝えしたとおり、レッスンの品質は均一にしなければいけません。

そのためには、講師採用の時点から明確な採用基準を設ける必要があります。良い講師とはどういう講師なのかをはっきりさせるということです。すばらしい資格や能力を持っていても、それを伝えることができなければ意味がありません。

自分の持っている知識や知恵を生徒に伝えることができ、また生徒がそのレッスンに興味を持ち継続して受けたいと思わせることができる講師が良い講師です。

学歴や資格を重視した採用方法では、レッスンの品質を向上させることはできません。

また、レッスンの品質を維持するためには、講師不足にならないようにしなければいけません。

常に必要人員を把握しておかなければ、生徒が増えたり、講師が退職した際に講師不足になり、レッスンの品質が保てなくなったり、レッスンそのものの提供に支障をきたしたりするからです。

講師が多すぎる必要はありませんが、ひとりの講師が受け持つことのできるレッスン数を考え、配置するようにすべきです。

【レッスンの開発】

スクールの業績を伸ばすには、お客さまの欲求にあう商品開発力が求められます。

すると、経営者や管理者からは「当スクールでは少人数制を採用している」とか、「オリジナルカリキュラムを導入している」などという声を聞くのですが、それだけでは同業スクールとの差別化にはなりません。

大切なことは、お客さまが求めているレッスン内容を具体化してクラスを作ることです。これこそが商品開発のポイントです。

ところが、多くのスクールでは商品開発というより商品探索に走る傾向があります。要するに、大手スクールが行っている新しいレッスンをマネする訳ですが、これでは意味がありません。

しっかりとお客さまの求めているものをキャッチできるようなシステムを構築して、それを具体化できる行動力を持ちましょう。

そのための良い方法に、生徒からの要望を吸収し、それを商品開発に結びつけることがあります。具体的には、生徒に対してアンケートを実施し、その結果を利用します。

「お客さまの声」として生徒の声を集めているスクールも多いのですが、残念ながら多くのスクールでは、お客さまからの貴重な意見をスクールの欠点を直すためにしか活用していません。

欠点を直すことも重要ですが、さらにもう一歩踏み込んで、生徒に満足を与えられるような方法を考えてみることがとても大切です。つまり、単に不満を解消するだけでなく、「さらにお客さまを満足させるもの」として活用していくわけです。この姿勢が良い開発へとつながります。

たとえば、アンケートなどを取ってお客さまからの声を集めていくと、

「こんなサービスがしてほしい」

「こんなイベントをしてほしい」

「こういったレッスンをしてほしい」

といった要望も多くいただくと思います。

実はこれらの要望はスクールにとって商品開発のチャンスなのです。こういった要望を実現していくことにより、生徒の満足度をさらに向上させることができるのです。もともとお客さまである生徒からの要望なので、すでに見込み客がいるわけです。

見込み客がいるかどうかもわからない闇雲に考えた企画を立てるより、成功する確率は高くなるので、スクールにとっても悪い話ではありません。

何か新しいことをしたいと考えているのに、何をしたらいいのかわからないときは、今いるスクールの生徒が教えてくれます。

【レッスンのコスト】

スクール経営の主な経費は「講師などにかかる人件費」「生徒募集のための広告宣伝費」「教室にかかる地代家賃」の3つです。

これら3つの経費を適正なレベルに維持することが、収益を確保するうえで大切です。

まず、「人件費」である講師料をいかにうまくコントロールするかがポイントになります。

講師料は、売り上げの20%程度を目安にするのが望ましいといえます。しかし現状のスクールの平均は売り上げの40%程度で、講師料の負担が大きすぎるといえます。

そこで「人件費」を「固定経費」ではなく「変動経費」に換えてみましょう。なかには、「変動経費＝売上高歩合制」と考え、生徒の人数が少ない場合は支出を抑えられるが、生徒人数が増えた場合、固定制より利益が減る、と考える経営者もいます。それも正しい考え方です。

しかし、生徒数が1名でも100名でも同じ報酬では、講師のモチベーションにも関わって

きます。

たしかに、変動制には利益が減るというデメリットがあるかもしれませんが、生徒１人に対していくらという報酬にすることにより、講師は生徒募集から授業料回収、さらには退会に関することにも関心を示すようになり、責任感を持つようになるため、トータルではメリットのほうが上回ります。

次に、「広告宣伝費」ですが、生徒募集のための宣伝広告費の割合が売り上げの30％に達しているスクールや、逆に経費削減のために全く広告宣伝費を使わないスクールもあります。

費用対効果を考えずに広告宣伝を行えば、スクール経営を圧迫していきますし、全く宣伝広告を行わなければ生徒を集められずに、収入が減っていきます。ですから、両極端は禁物です。具体的には、売り上げの10％程度を目安にするのが望ましいです。広告宣伝を行う際には、計画的に効果の高い宣伝広告を行う必要があります。

私が考える目標とすべき損益構造は、「営業利益10％」「講師料は売上高の20％」「宣伝広告費は売上高の10％」「地代家賃は売上高の15％」です。しかし現状のスクールの平均は「営業利益３％程度」で、何かあればすぐに赤字に転落してしまうレベルです。

人件費、広告宣伝費、地代家賃の他にもコストを抑えられるところはあります。支出の多いものをピックアップして経費削減に努めることが大切です。

1-4 小売業の要素

～「商品数＝レッスン内容数」と考える～

レッスンがひとつだけでは消費者に選択の余地がない

商品がひとつしかなければ、消費者はその商品がいるか、いらないかの判断しかできません。商品を複数用意して、初めてどの商品にするのか消費者が選べるようになります。

そのためにも商品を複数揃えておくべきです。これが小売業の要素の基本です。ここでは商品力についてお話しします。

商品力で大切なことは次の4つです。

「商品構成」
「商品価値」
「商品価格」
「商品の独自性」

これらを強化することにより、商品力がアップします。

「商品構成」とは、特定の商品アイテムを奥深く取り扱うのか、それとも広く浅く扱うのかということです。

「商品価値」とは、商品の魅力です。

「商品価格」とは、簡単にいえば価格競争をするのかしないのか、高級志向にするのか大衆志向にするのかということです。

「商品の独自性」とは、いかに他の商品と差別化し、オリジナル性を持つのかということです。

これまでスクール業界では商品構成や価格について、横並びの意識が強かったように思います。他スクールがこういったレッスンをやって生徒を集めているから、ウチのスクールでも取り入れてみようとか、近隣のスクールがこれくらいの価格なので、ウチのスクールも同じくらいでいいだろう、という考えです。

しかしそれでは、「商品構成」や「商品価格」はもちろんのこと、「商品価値」や「商品の独自性」の面でも充分とはいえません。

スポット的なレッスンや、通常レッスンより安価なレッスンを取り入れるなど、初めて通うお客さまが敷居の高さを感じないよう配慮する工夫も必要です。

消費者を魅せられない教室では繁栄しない「教室は売り場」

【売り場力】


小売業では、売り場の作り方も重要なポイントになります。これが買上げ率等に影響するからです。

レイアウト、ＰＯＰ、照明を考え、学校の教室のようなイメージを、明るく入りやすい受講意欲をかきたてる雰囲気の教室に変える必要があります。

学習塾であれば、学校で使用している机やイスとは違うものを使うことにより雰囲気を変えることができます。塾に来ても学校と同じ雰囲気では、生徒である子どもたちも気持ちの切り替えができず、学習意欲が低下してしまいます。そのため、学校と違うものを使い、学校とは違った雰囲気を醸し出して受講意欲をかき立てます。

英会話スクールであれば、教室のなかに海外の風景のポスターなどを貼っておくのもひとつの方法です。

英語を話せるようになれば、海外にも行きたくなりますし、海外旅行を楽しむために英語を学ぶ生徒もいます。ですから、海外の風景のポスターは、受講意欲をかきたてる効果があります。

入口に、レッスン風景の写真やイベントなどの写真を飾っておくという方法もあります。楽しそうにしている生徒や講師の姿を見れば、その教室のイメージを感じとってもらえます。

意外に忘れられがちなのがトイレです。トイレはきれいに保つことが当たり前ですが、個人経営のスクールでは、自宅を使用している場合が多いので、トイレは自宅と共有するのが一般的です。そのため、つい自分の家のトイレだから、と安心し、掃除が行き届かなくなりがちなので要注意です。

一方、比較的規模の大きなスクールでは、講師にレッスン前にトイレ掃除を課していることがあります。もちろん、きちんと掃除されていればよいのですが、ときには忘れたりサボったりして掃除されてないことがあります。いかに教室のレイアウトがすばらしくても、トイレが汚れていては興醒めしてしまいます。

トイレットペーパーの予備がないこともあります。個人経営のスクールでは、特にこまめに確認する必要があります。規模の大きいスクールでは、講師が本部などに在庫を報告し、補充を依頼しているところがあります。その場合、講師が依頼を忘れてしまうと補充が遅れることもあるので、やはりこまめに確認する必要があります。

スクールのイメージはトイレだけではありません。机の上にほこりが溜まっていたり、床にゴミが転がっていたりするようでは、イメージは大きくダウンします。

子どもをターゲットとしているスクールでは、お手拭タオルや子ども用のスリッパなども用意しておきましょう。手を洗う際に子どもの手が届くようにするため、踏み台などを完備しておくなどの気遣いも必要です。

【接客】

小売業では接客も重要なポイントになります。売り場と同じように、いかに買いやすく、買いたくなるような対応をするかが大切です。

具体的には、「挨拶」「商品説明」「クレーム対応」「情報収集」などの対応を明確にしておくとともに、先述した電話対応も重要なポイントとなります。

実際に見学者や体験者に対する受付対応や電話対応を見ると、その重要性を認識していないスクールが多いのですが、これではいけません。

受付や電話対応は消費者にとってはスクールの第一印象になります。このことを忘れてはなりません。

「顧客データはスクールの財産」お客さま管理を徹底する

お客さまの情報はスクールにとって大きな財産ですから、しっかり管理しておく必要があります。最近は個人情報保護という観点から、情報を得にくくなっています。とはいえ、スクールを運営していくには最低限、次の情報は持っていないといけません。

【通常必要な顧客情報】

1　名前、性別、生年月日
2　住所
3　電話番号（自宅・携帯電話）
4　メールアドレス
5　学校名（会社名）
6　家族構成
7　他の習い事のスケジュール
8　都合のよい日
9　授業料回収状況

【生徒が子どもの場合に付け足す項目】

1 保護者名
2 保護者会社名
3 保護者会社連絡先

スクールでイベントなどを開催しているのであれば、イベントへの参加の有無も記載できたほうがいいでしょう。できれば市販の顧客管理のソフトで管理することをお勧めしますが、エクセルでも十分できますし、レベルを上げて同じくマイクロソフト社製のアクセスを使うのもいいでしょう。

生徒の人数が多いようでしたら、外注で自前の管理ソフトを作成してもいいでしょう。

これから新規に開拓するお客さまは、いわば「目に見えない」お客さまですが、すでに入会している生徒は「目に見える」お客さまです。目に見えないお客さまを開拓するのも大切ですが、目に見えるお客さまの管理はもっと大切です。

データの入力は、最初は時間がかかるかもしれませんが、毎日行っていけば、決して重労働にはなりません。

きっとそのデータはあなたのスクールの財産になっていきます。もし、やむなく退会されたお客さまが出ても、その情報を管理していれば、再度アプローチをすることもできます。

ただし、くれぐれもデータの管理だけはしっかりとしてください。間違っても情報が漏えいしないように注意することが必要です。

第2章

生徒集客の戦略

～戦略がなければ生徒集客は成功しない～

2-1 あなたのスクールの業界を知ろう

戦略と戦術の違い

生徒の集客に関し、よくこんな相談を受けます。

「新聞折り込みやポスティングなどを行っているのですが、問い合わせがほとんど来ません……。こんなとき、どうすればいいのですか？」

こうした質問をする経営者に限って、明確な「戦略」を持っていないものです。

新聞折り込みやポスティングは重要な販売促進策ではありますが、これらはどちらかというと「戦略」ではなく、「戦術」です。

そこでまずは、「戦略」と「戦術」の関係についてお話しします。

戦略と戦術はともに、本来は軍事用語です。英語では、戦略はStrategy、戦術はTacticsとなります。

最初の「戦略」とは方針や指針で、企業の経営戦略といえば、事業全体の方針や指針、あるいは事業の目標そのものと捉えることができます。個別の行動そのものではなく、会社が全体として向かっていくべき進路のことです。

一方、「戦術」とは、戦略という目的を達成するための手段であり、個別の行動としてあらわれます。

このように考えれば、新聞折り込みやポスティングなどが戦略ではなくて、「戦術」であることがお分かりになると思います。

たとえば、観光地に遊びに行こうとするとき、どこの観光地に行くかという戦略を決めなければ、どんな乗り物で行くかという戦術は決められません。これと同じで、戦略が確立されていないまま戦術を検討しても、らちがあきません。

戦術にばかり目が向くというのは、飛行機で行くのか、電車で行くのか、それとも車で行くのか、ということばかり考えて、肝心な目的地を明確に決めていないのと同じことです。

ですから、広告を出す際には、まずは戦略を定めておく必要があります。具体的な戦略については本章で後述しますが、戦略の有無によって、広告やチラシなどの戦術の効果は大きく変わってきます。

英会話業界はコンプレックス産業？

スクールの戦略を考えるには、そのスクール業界の背景や状況などを把握しておく必要があります。

たとえば、一見すれば不必要とも思われる英会話スクールが、なぜこれだけ普及したかというと、そこにはこんな背景があります。

【英会話のニーズが高まった背景】

１９８０年代以降、日本人の平均的所得が増大するとともに、航空運賃等の費用が安価になったため、海外渡航を希望する者が多くなりました。このことが英会話のニーズを高めました。

またその一方で、来日する外国人が増え、国内で英語を話す機会が増えました。このことも英会話のニーズを高めました。

しかし、日本人には英語に対するコンプレックスがあって、英会話を習得したいとは思いつつも、つい身構えてしまいます。そんな悩みを解消する英会話スクールは、まさに消費者のニーズをキャッチしたといえます。ちなみに、顧客の外見や内面の問題を解決して対価を得る産業のことを「コンプレックス産業」と言いますが、英会話業界もそのひとつです。

【英会話業界の状況】

小学校やそれ以前の段階における早期英語教育（児童英語）、高校受験や大学受験などを対象とする受験英語、英検・TOEIC・TOEFLなどの英語検定対策のニーズも急増しました。さらには年代を問わず、趣味から各種専門分野にまでおよぶ英会話など、英語に関連する分野の裾野が広がり、広範なマーケットを形成するようになりました。このことも英会話スクールが増えた一因です。

このようにスクールの戦略を考える際には、まずはこうした業界の背景や状況を知っておく必要があります。

実際に私はこうした背景や状況を考えたうえで、私は子ども英会話スクールを設立しました。

子どもを持つ親の多くは、英語が話せないことに対してコンプレックスを持っています。

そのため今でも、英語が話せる人は、それだけですごいと尊敬の眼差しで見られることがあります。

英語が話せないというコンプレックスや苦労を自分の子どもにはさせたくないと考えるのが、親心というものです。こう考えれば、子ども英会話の需要がどれだけ多いか想像できます。

2-2 いまどきの習い事事情

なんと、いまどきの子どもは8割以上が習い事をしている

ベネッセ教育研究開発センターが発表した『いまどきの「習い事」事情』という記事があります。

発表されたのは、2005年の9月ですが、非常に興味深く、スクール経営をするうえで参考になりますのでご紹介します。

▼「習い事をしている」子どもは82・6%！ 小学2、3年生では92・5%

まず、習い事をしている割合ですが、「現在、お子さまは何か習い事をしていますか？」の質問に対し、全体では82・6%の方が「している」と回答しています。

「小学校入学前」の子どもで76・1%、小学2、3年生ではともに92・5%に達し、小学6年生あたりからその割合が減少していきます。

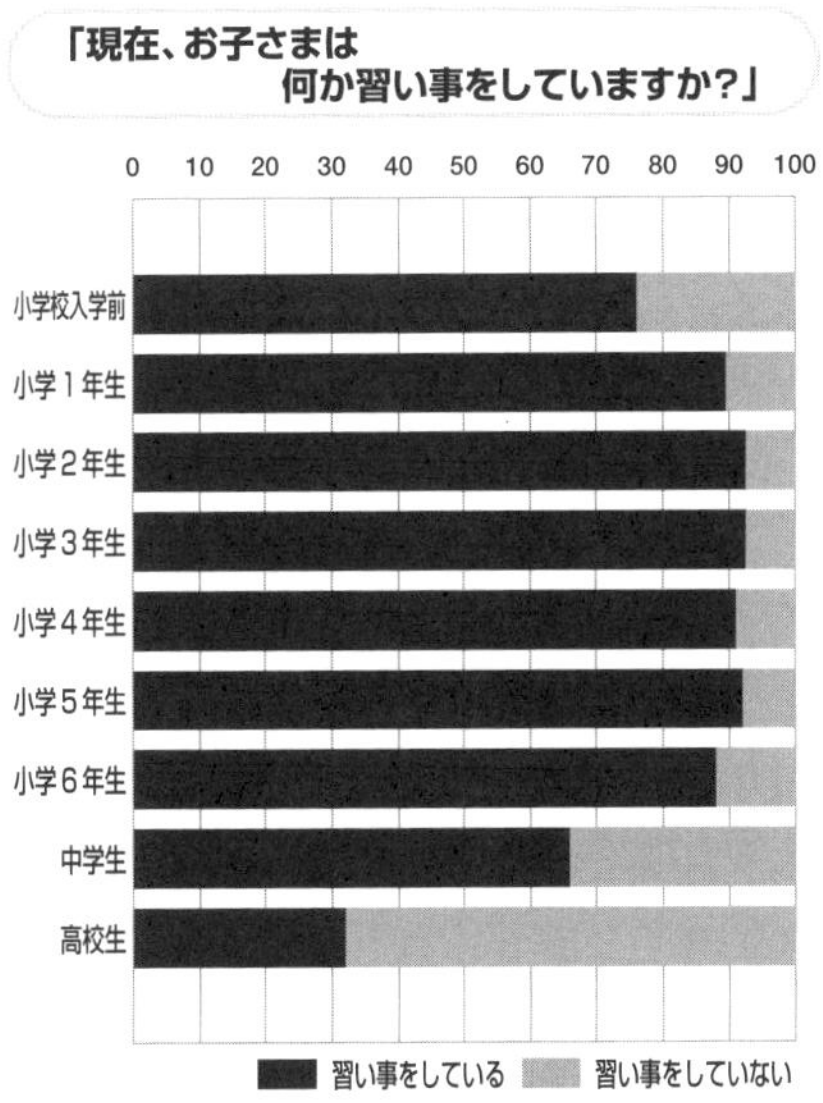

（出典：Benesse教育情報サイト http://benesse.jp）

▼習い事デビューは小学校入学前が3分の2

「いつごろから習い事を始めているのでしょうか?」の質問に対しては、「幼稚園や保育園入園前」が24・2%と最も多く、小学校入学前に習い事を始めている子が68・9%にも達し、「習い事デビューは小学校入学前が多数派」となっています。

「習い事をはじめたのはいつですか?」

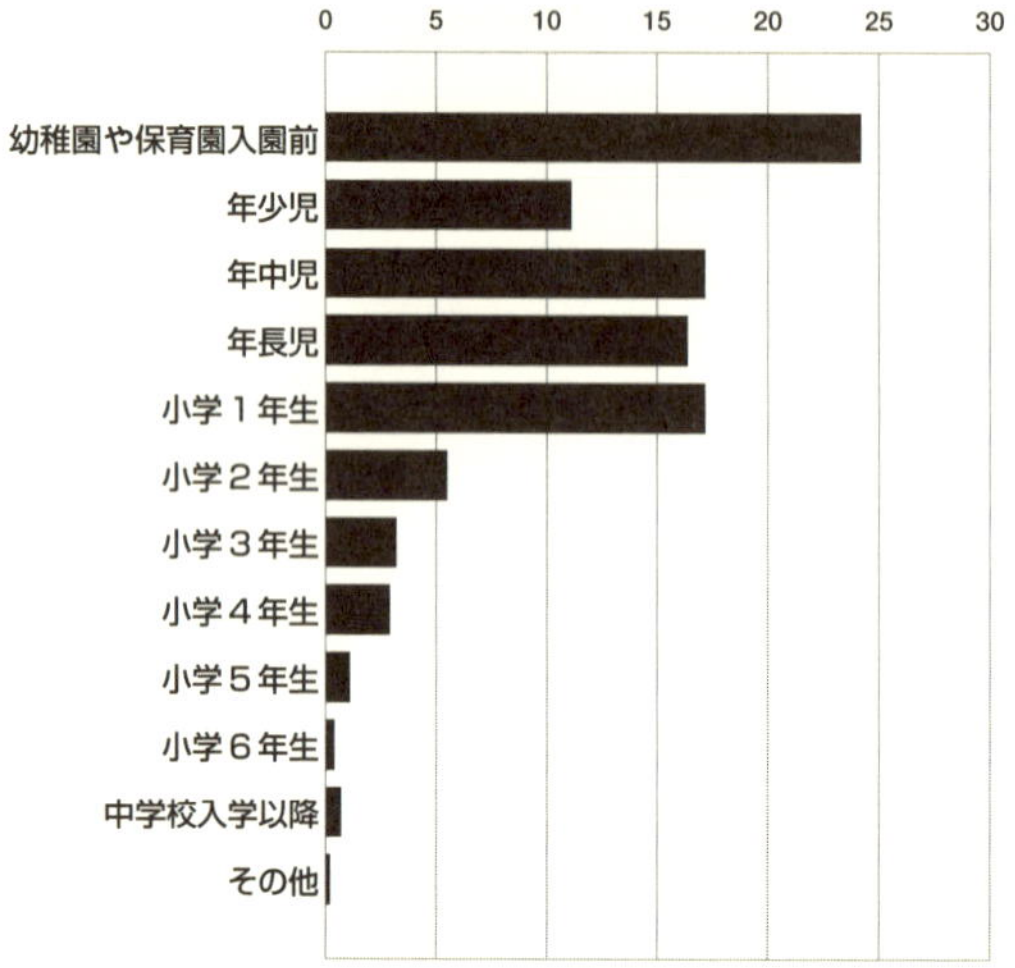

（出典：Benesse教育情報サイト http://benesse.jp）

▼習い事を決めるのは「母親」「本人」

「お子さまが習い事を始めたきっかけは何ですか?」の質問では「母親が薦めた」が最も多く、40・9%で、「子どもが習いたいと言った」が36・6%です。

学年が上がると子ども本人の意向が強くなる傾向にあります。ちなみに「友達に誘われた」は10・7%です。

「習い事を始めたきっかけは何ですか?」

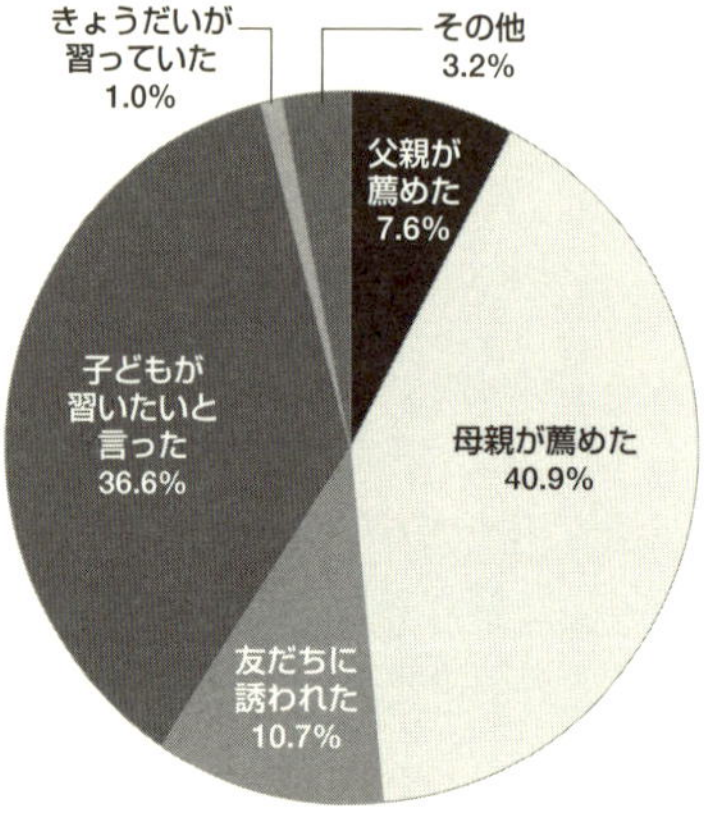

（出典：Benesse教育情報サイト http://benesse.jp）

▼人気の習い事は「水泳」「音楽」「英語」

「今までに経験したことのある習い事」の質問では、「水泳」が66・8％、「楽器・歌などの音楽」が52・0％、「英語などの語学」が30％となっています。

「今までに経験したことのある習い事は何ですか？（複数回答可）」

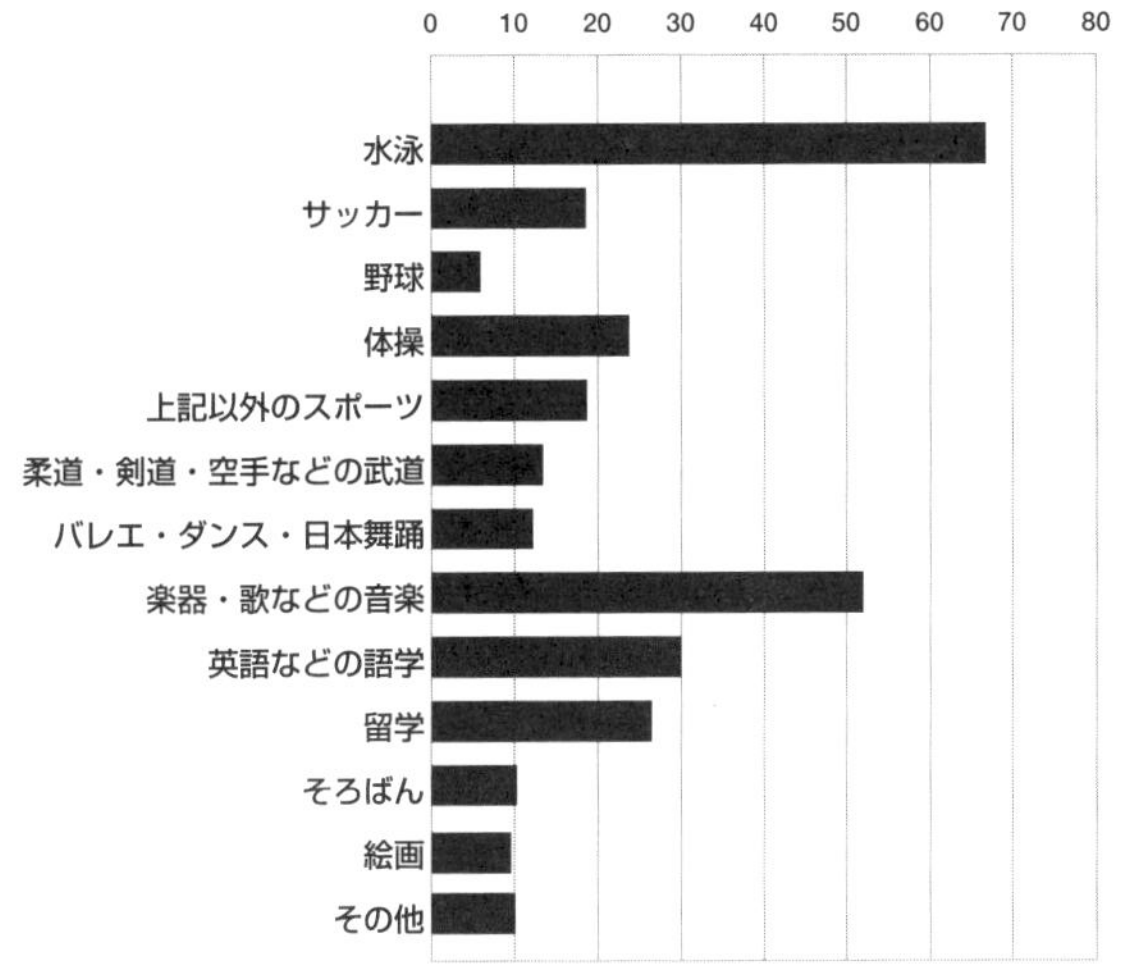

（出典：Benesse教育情報サイト http://benesse.jp）

▼保護者の悩みは「費用」「時間」「継続」

「保護者として子どもの習い事に不安や悩み事はあるのでしょうか」という質問に対し、その多くの親が「費用」「時間」「今の習い事を続けるべきか」をあげています。

子どもが習いたいと望むなら習わせたいのが親心ですが、それにはお金がかかりますし、子どもの年齢によっては送り迎えもしなければならず、その時間を確保するのは大変ということです。

また、思うように上達しなかったり、子ども自身が興味関心をなくしたりした場合、続けるべきか悩むこともあるようです。

▼習い事にかかる費用はどれくらい？

「月々の習い事にかかる費用はどのくらいなのでしょうか」（※子どもひとりあたりの費用ではなく、一家の習い事の費用）という質問では、「５０００円」が多数派ですが、２万円以上が全体の29・３％になっていることから、家計において習い事の費用の比重は決して小さいものではないと思われます。

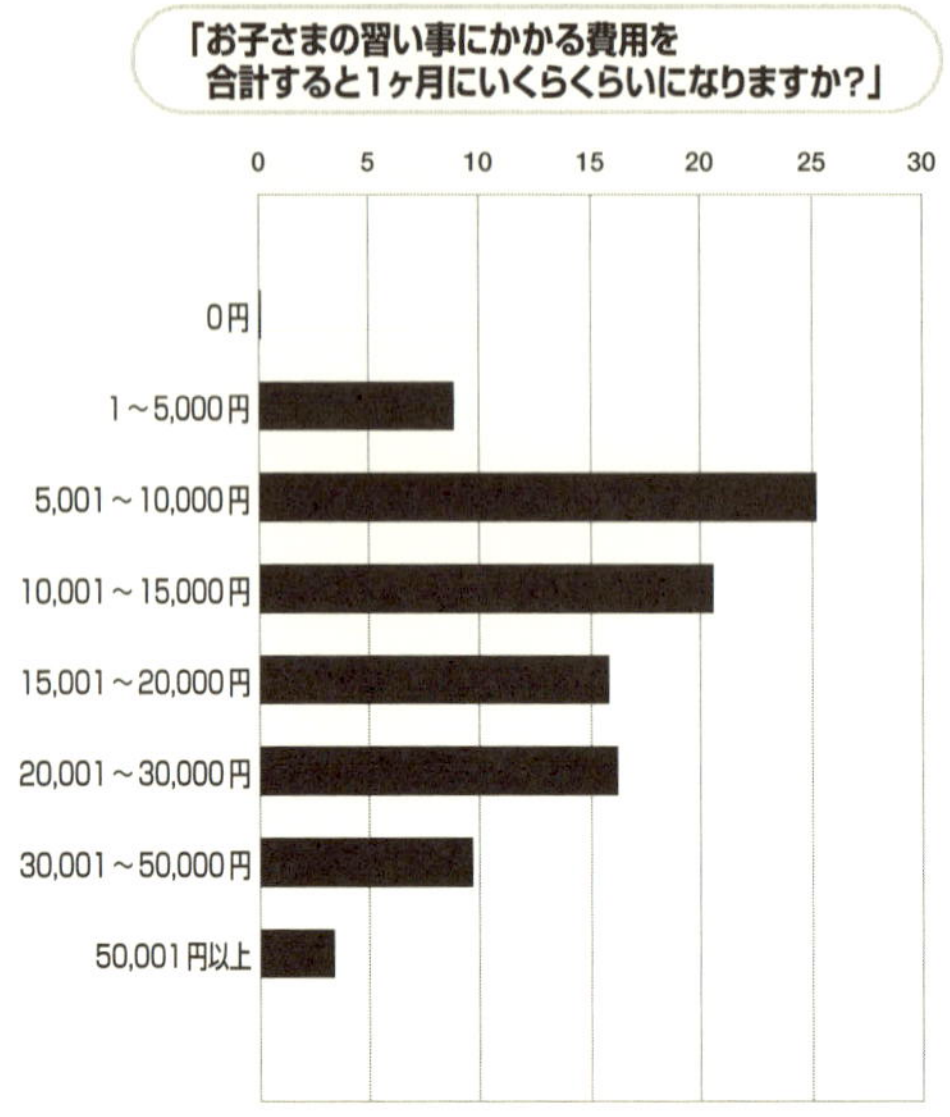

（出典：Benesse教育情報サイト http://benesse.jp）

以上のデータから、次のことがいえます。

- **いまの子どもは、ほとんどが習い事をしている。**
- **習い事は、4分の1が未就園児から開始し、小学校入学前には3分の2が始めている。**
- **習い事を決めるのは「本人」と「お母さん」である。**
- **英語の割合はまだ3割ほどで、7割が未開拓である。**
- **お母さんの悩みは、「お金」「時間」「継続」である。**
- **3割の人が習い事に月額2万円以上使っている。**

これらの結果から、習い事は未就園児からアプローチする必要があると考えられます。そして、英語に関しては、７割が未開拓です。

ちなみに、この調査の７年前（１９９８年）のデータでは、英語の割合が23％ほどだったので、今後まだまだ伸びていくことが予想されます。

また入会の決定権者は、「本人」と「母親」です。父親が決めると答えたのは7・6％で、入会説明時にその場にいない父親に相談するといった場合は、断り文句であることが多いです。

さらに、いかに「子どもが楽しい！ やりたい！」というレッスンをできるかどうかがポイントになることも分かります。

母親の悩みは、「お金」「時間」「継続」なので、この点を解消する対応をとることにより、入会増加、退会防止につながります。

「お金」については、3割の人が月に2万円以上を捻出しているので、必要と思えばお金は出すといえるでしょう。ただし、あまり学習効果がなければ高いと思われます。

意外！ 成人の6割以上が生涯学習をしたいと考えている

内閣府大臣官房政府広報室が発表した全国の15歳以上に調査した「生涯学習に関する世論調査」のデータを見てみましょう。

▼6割以上が生涯学習をしてみたい

「今後、「生涯学習」をしてみたいですか？」という質問に対し、「してみたいと思う」と答えた割合は63・9％、年齢別で見ると、40歳代が73・5％です。

▼5割以上が「趣味を豊かにするため」に生涯学習をしてみたいと考えている

「生涯学習をしてみたいと思う理由は何ですか」という質問に対しては、「趣味を豊かにするため」と答えた割合が53・3％と最も高く、次いで「他の人との親睦を深めたり、友人を得るため」（39・1％）、「健康・体力づくりのため」

（37・5％）、「老後の人生を有意義にするため」（34・4％）、「教養を高めるため」（34・1％）、「自由時間を有効に活用するため」（30・8％）となっています。

▼始めるなら趣味的なものから

「どのような学習や活動をしてみたいですか？」との質問に対しては、「健康・スポーツ（健康法、医学、栄養、ジョギング、水泳など）」と答えた割合が54・4％、次いで「趣味的なもの（音楽、美術、華道、舞踊、書道など）」が50・5％、「パソコン・インターネットに関すること」（27・7％）、「家庭生活に役立つ技能（料理、洋裁、和裁、編み物など）」（23・4％）、「教養的なもの（文学、歴史、科学など）」（21・3％）、「職業上必要な知識・技能（仕事に関係のある知識の習得や資格の取得など）」（19・7％）となっています。

　これらのデータから、次のことがいえます。

・6割以上の成人が生涯学習を始めたいと考えている。
・特に40歳代が始めたいと考えている。
・趣味を豊かにしたり、他の人との親睦を深めたり、友人作りを求めている。
・自由時間をもてあましている人が3割もいる。

　このようなデータを、チラシやパンフレット、入会説明の際の資料として活かしていただきたいと思います。

「生涯学習」に対する今後の意向

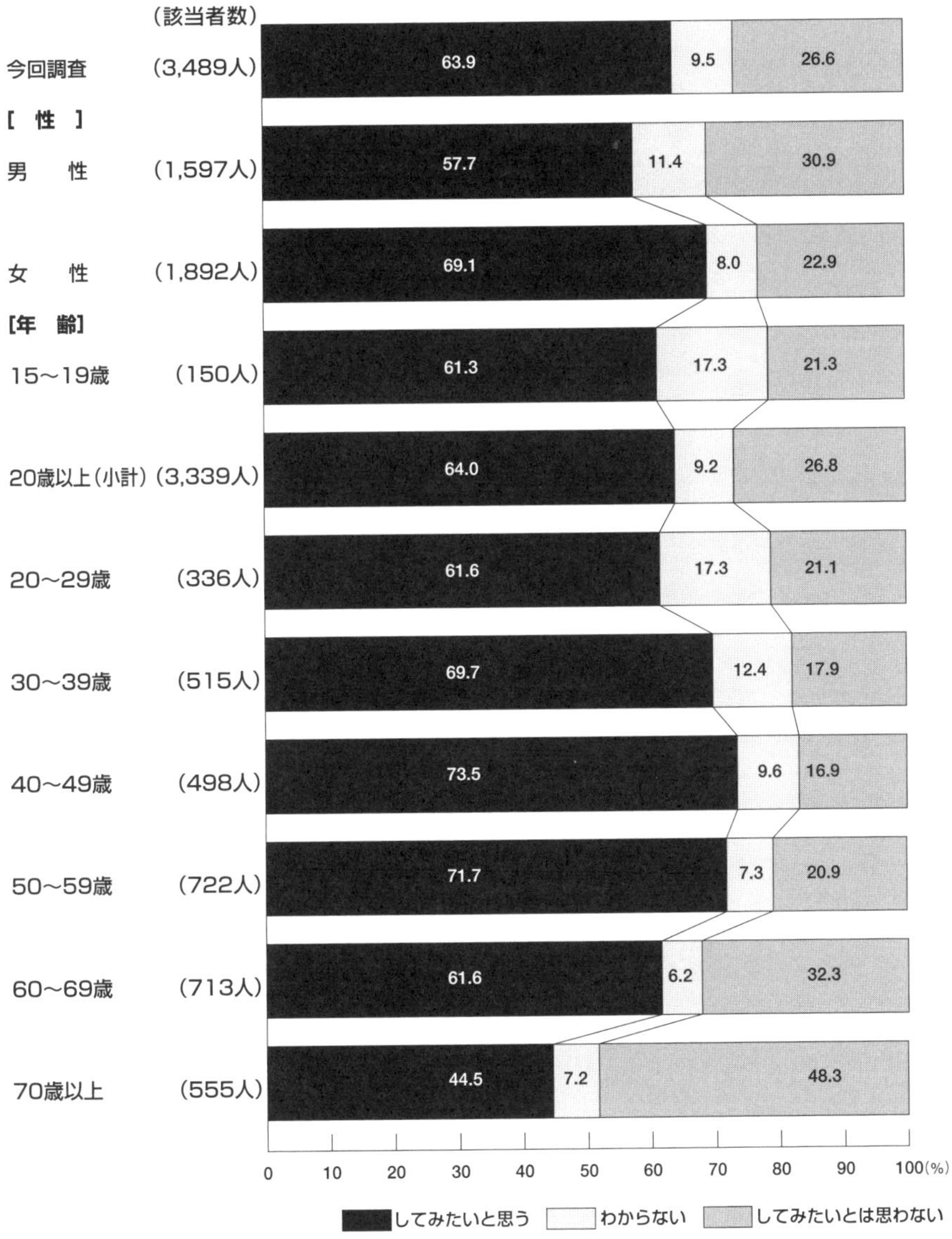

内閣府『生涯学習に関する世論調査』

生涯学習をしてみたい理由

（「生涯学習」を「してみたいと思う」と答えた者に、複数回答）

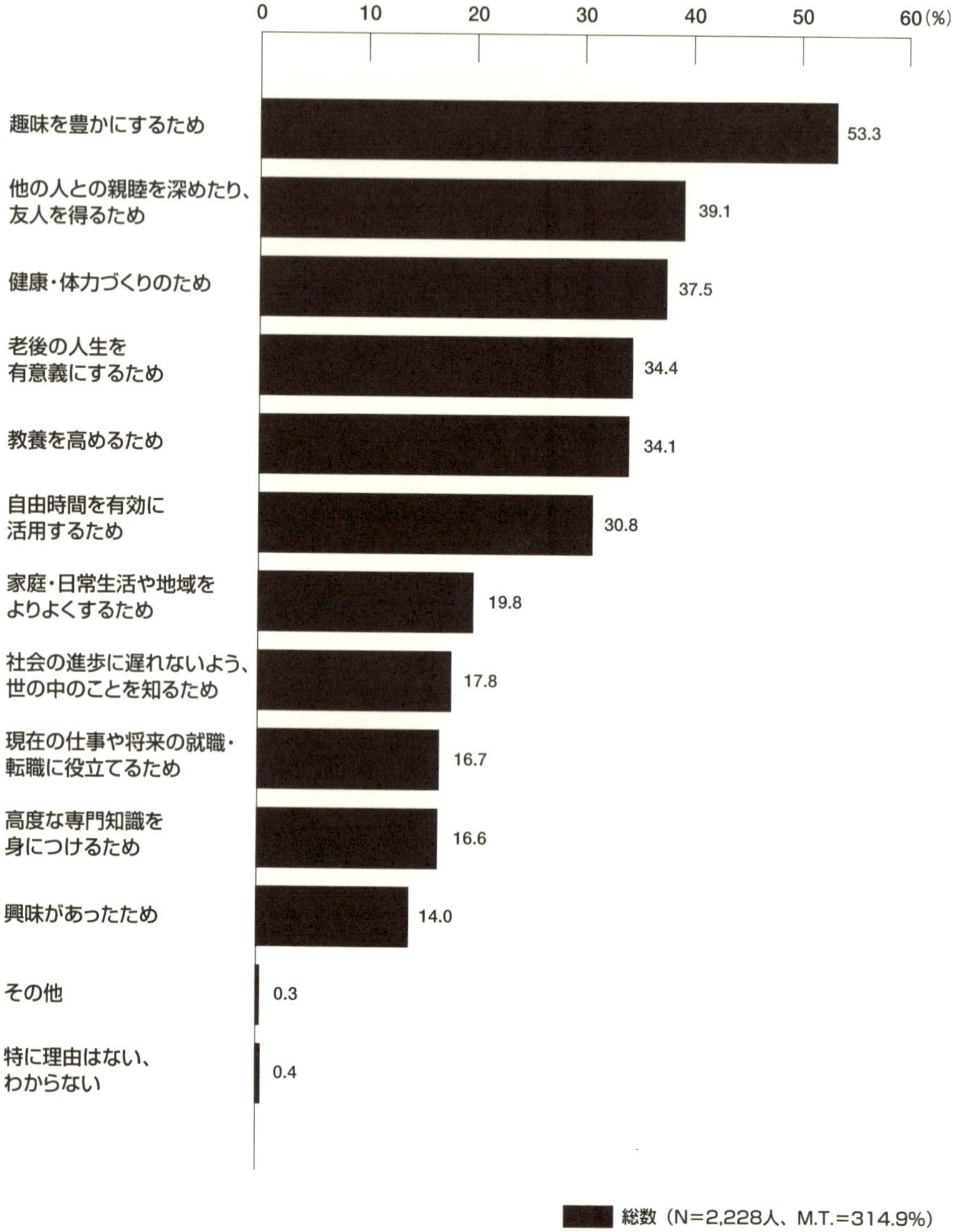

内閣府『生涯学習に関する世論調査』

してみたい生涯学習の内容

（「生涯学習」を「してみたいと思う」と答えた者に、複数回答）

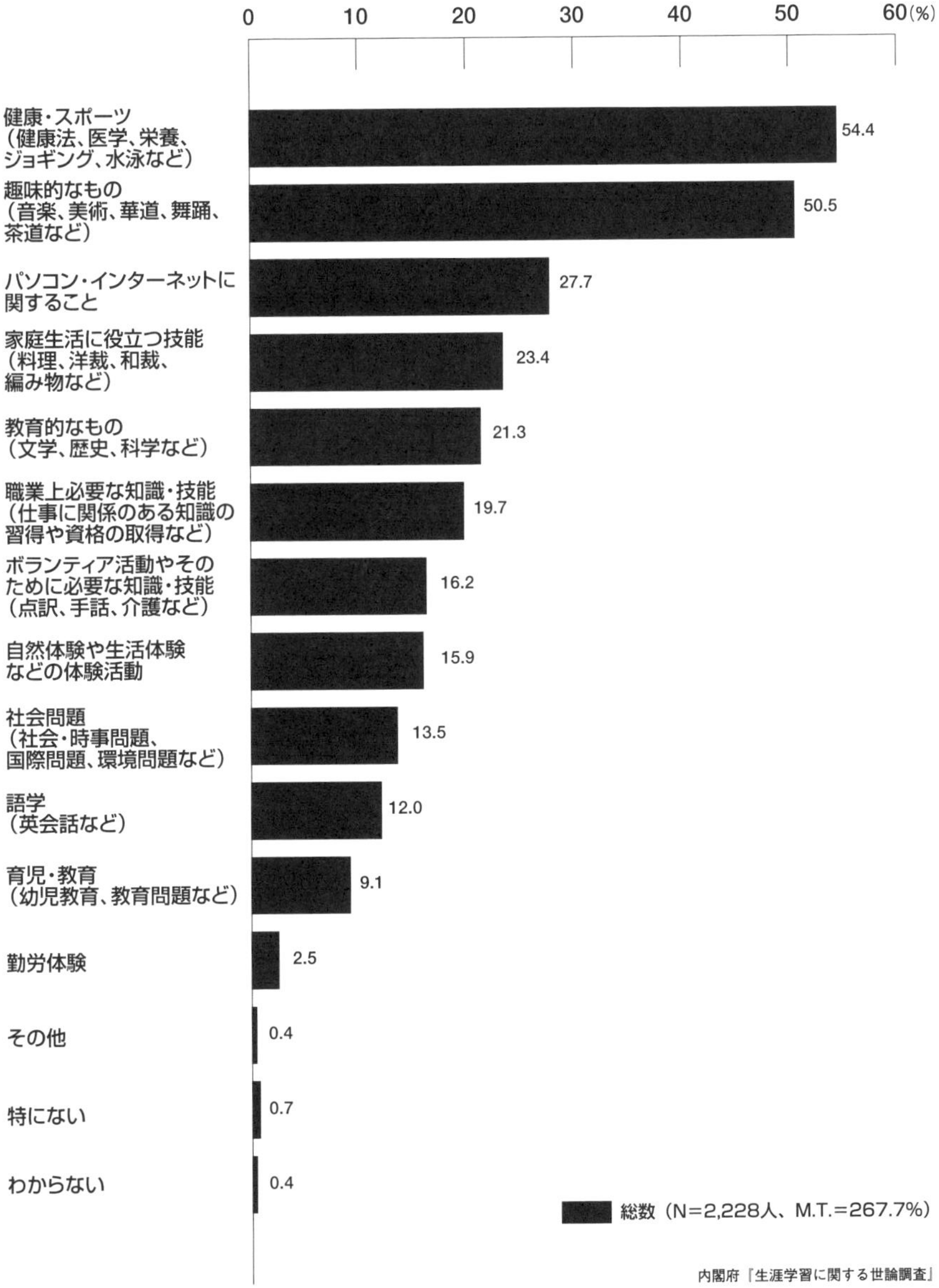

内閣府『生涯学習に関する世論調査』

2-3

私が成功した戦略 ～ターゲットの絞り込み～

他業界にみるターゲットの絞り込み

ここでは、戦略を立てることに成功した私の例を紹介します。その第一は、ターゲットを絞り込んだ例です。

どうしてターゲットを絞り込むと有効なのかを、まずは私たちの身の回りにある商品やサービスを例にして考えてみましょう。

あなたの周りでターゲットが絞り込まれた商品やサービスを思いつくでしょうか？　そんな商品やサービスが身近にあるかどうか、よく考えてみてください。

ターゲットを絞り絞り込んだ商品やサービスはかなりあるはずです。たとえば、飲料水やお菓子、衣服にもそうした例はあります。ほかにもまだまだあるはずです。

どうでしょうか。いろいろと思い当たる商品やサービスが思い浮かんだでしょうか？

さらによく考えてみると、今売れている商品は、かなりターゲットを絞り込んで、販売戦略が考えられていることがわかります。

このことを、飲料水の例で見てみましょう。

飲料水の市場規模は2005年に5兆2千億円（富士経済株式会社の調査）で、かなりの飽和状態とのことです。

そのなかで今、『黒烏龍茶』という商品が非常によく売れています。いわゆる特保飲料という商品ですが、清涼飲料水の市場規模が飽和状態にあるにもかかわらず、近年すさまじい勢いで拡大しています。

その牽引役の『黒烏龍茶』の特徴は、ウーロン茶重合ポリフェノールを豊富に含み、食事時に飲むことにより、脂肪の吸収を抑え、食後の中性脂肪の上昇を抑制させることです。

キャッチコピーは、「肉料理、揚げ物、炒め物……脂っこい料理がお好きなあなた！」「毎日のお食事と一緒に、黒烏龍茶をおすすめします」です。

このキャッチコピーを見れば、どのような人たちをターゲットにしているか一目瞭然ですね。

注目したいのは、その他の５００ミリリットルのペットボトル入り飲料の販売価格が１００円弱まで値下がりしているなか、この黒烏龍茶はターゲット層を絞り込むことにより、３５０ミリリットルのボトルで１６８円前後の価格でも売れ行きは絶好調です。

これを、もしターゲット層を絞らずに、ただ「健康にいいですよ！」と売り出したとしたらどうでしょうか。

赤ちゃんからお年寄りまで、年齢層の間口を広げていたとしたら、また誰にでも当てはまるようなキャッチコピーにしていたら、ここまで売れなかったのではないでしょうか。

対象者の間口を広げれば、一見いろいろなお客さまにアプローチできるように思われがちですが、実はそうではないのです。

よく考えてみてください。もしかしたらあなたのスクールにも同じことがいえるのではないでしょうか？　もしそうであれば、ターゲットの絞り込みを真剣に考えてみてほしいのです。

では、どのようにあなたのスクールでターゲットを絞り込んでいけばよいのでしょうか。次にこのターゲットの絞り込みについてお話ししましょう。

繁栄の戦略
「地域で一番のスクールになる」

あなたは、日本で一番高い山を知っているでしょうか?

答えは富士山ですよね。

それでは、「二番目」に高い山を知っていますか?

どうでしょう。おそらく多くの人が答えられなかったと思います。

ナンバー2の名前さえもいえないのです。

極端な話をすれば、一番以外はわからないのです。

このことは山の名前に限ったことではありません。ビジネスでも同じことがいえます。もちろんスクールビジネスでも同じことがいえます。

二番目の会社、二番目のスクールは、多くの人にとっては「その他大勢」にすぎません。

では、どのようにして「その他大勢」から脱出すればよいのでしょうか。

それは、どんなに小さな分野であってもよいので、一番になることです。そうすれば、消費者の印象に残ります。

繰り返しますが、「その他大勢」にならないためには、一番になることです。それは「日本で一番」はもちろんのこと、「県内で一番」とか「町内で一番」でもかまいません。

あるいは、「A小学校の生徒が一番通っている教室」とか「幼児の生徒数が町内で一番」でもかまいません。また、「未就園児の指導では一番」といった具合に、特定の分野であってもかまいません。大切なことは、規模や分野にかかわらず、「一番」になることです。

小さなエリアでも、そのなかで一番になれば、消費者の印象に残ります。そうすれば、その地域において「その他大勢」ではなくなります。

では、一番になるためにはどうすればいいのでしょうか。

それはズバリ、ターゲットを絞ることです。大勢の顧客を狙うのではなく、特定の顧客に焦点を絞り、そこに神経を集中させるということです。

そのためには、まず今不得意だと思っているものを、ピックアップしてください。たとえば、「当スクールは○○関連の講座を苦手にしている」とか、あるいは「××層向けの講座はやりにくい」というものがあったら、それをピックアップし、思いきっていったん中止してください。

そして、得意だと思っていること、やりたいと思っていることを徹底的にやります。

一見すると、対象者の間口を狭め、生徒集客に悪影響を及ぼしそうですが、ターゲットを絞り込むことにより、その対象顧客に全精力を投入できるようになります。

不得意な分野や年齢層にも力を入れることにより、労力が分散してしまい、どの年齢層の顧客に対しても中途半端になるよりはましです。

「そのやり方はおかしいのではないか」とか「大手スクールは幅広い顧客を扱っている」という反論も出そうですが、確かにまんべんなくすべての年齢層を相手にするのは、間口を広げるという意味では間違ってないように見えます。

しかし、あなたは本当にまんべんなく生徒を集客できるでしょうか?

実際にすべての年齢層を相手にするには、大変な労力が必要になります。また、チラシなどの内容や説明用のバインダーなどの資料も変えなくてはいけません。

消費者の求めているニーズも年齢層によって変わってきますが、はたしてすべてのニーズに応えられるでしょうか。また、それを実行するとなると、かなりの資金と人材が必要になるかもしれません。資金や人材の面で大手スクールに勝てるでしょうか。

大手スクールは、幅広い顧客を対象にしていますが、そのために圧倒的な資金と人材を投入しているのです。この点を見ずして、安易に大手をマネしたら大変なことになります。何も無理して大手スクールと戦う必要はありません。

ですから、まずは一番自信のある年齢層を集中的に集客することをお勧めします。苦手な年齢層をなくすことも大切ですが、そのことばかりに気を取られても仕方ありません。いずれは、克服しなければならない課題と捉えればよいのです。

今必要なことは、余裕を持ったスクール経営をすることとです。そのために早く結果がでることから着手し、経営が安定してから苦手な年齢層に取り組めばよいのです。

あなたの今一番得意な年齢層を中心にスクール運営を切り換えていくことが、今後あなたのスクールを発展させる第一歩になります。

そしてあなたの一番得意な年齢層で、あなたのスクールのブランドイメージを作っていけばいいのです。

ある特定の年齢層であれば「○○スクールが一番いい！」というブランドイメージができれば、大手スクールには負けません。

もう一度いいますが、まずは、ターゲットを絞り、そのターゲットの年齢層の集客に特化・集中することをオススメします。実際に、私の知る限りでは、うまく行っていないスクールほど、いろいろと手を出しているので注意しましょう。

ここでは年齢層についてお話しましたが、スクールの指導方法についても同じことがいえます。

あれもこれもやるのではなく、本当にやりたいこと、得意なことを見つけ出し、そこに全精力を投入して一番を目指してもらいたいのです。

そうすることが、スクールを消費者に強く印象づける第一歩になります。

次に、実際に私が経営していたスクールで、ターゲットを絞った事例などを紹介します。

スクールでのターゲットの絞り込み

さきほどターゲットを絞り込む事例として、『黒烏龍茶』を取り上げましたが、ここでは私が英会話スクール展開で行ったターゲットの絞り込みについてお話します。

本題に入る前に、子どもをメインターゲットにしている英会話スクールを経営されている人にお聞きします。英会話以外のスクールを経営されている方もいっしょに考えてみてください。

今の親は、子どもの英語教育をいつから始めるべきだと考えていると思いますか？

幼稚園児でしょうか？　それとも保育園児、小学生、中学生でしょうか？　小学生はもう少し細かく見て、低学年？　中学年？　高学年？　これらのどの時期からでしょうか。

その答えは、ニチバン株式会社が出したアンケート結果から知ることができます。

【ニチバン株式会社のアンケート結果】

◆子どもの英語教育はいつから始めるべきだと思いますか？

0～2歳	19・5％
保育園・幼稚園	36・6％
小学校低学年	21・3％
小学校中学年	5・8％
小学校高学年	7・8％
中学校	9・0％

どうでしょうか。予想通りだったでしょうか。

この結果からわかるように、保育園・幼稚園から始めるべきだと考えている親が３人に１人以上の割合に達しています。

１９９０年代には、小学校の低学年から英語を始めるという割合が一番多かったと思います。

しかし、これから数年もすれば、今の保育園・幼稚園よりさらに未就園児の割合が増えていくと予想できます。

その要因として、２００２年から小中学校で、また２００３年から高等学校で導入された「総合的な学習の時間」が考えられます。

「総合的な学習の時間」とは、

1 地域や学校、子どもたちの実態に応じ、学校が創意工夫を生かして特色ある教育活動が行える時間

2 国際理解、情報、環境、福祉・健康など従来の教科にまたがるような課題に関する学習を行える時間

として新しく設けられたものです。

この時間では、子どもたちが各教科等の学習で得た個々の知識を結びつけ、総合的に考えられるようにすることを目指しています。そして、「国際理解」の部分で英語が学習できるようになったのです。

これを受けて、英会話を習っている保育園・幼稚園児の割合は、１９９５年度の20％前後から２００４年度には25％まで増え、２００５年度には39％にまで伸びています。つまり、英会話スクールに通っていない保育園・幼稚園児が60％以上もいるわけです。

私が経営していた英会話スクールでは、１歳から成人までが対象でしたが、メインターゲットは子どもで、生徒全体の８割を占めていました。そのなかでも、特に保育園・幼稚園児（年少、年中、年長）の割合が高く、全体の４割でした。少子化で子どもをターゲットにするのは厳しいなどといわれがちですが、子ども英会話市場は、２００５年度で９１０億円市場に達し、幼児英才教育市場が減少傾向にもかかわらず拡大しています。このような状況では、できない理由を探す前に、どうすればできるのかを考えていくべきです。

これらを踏まえて、私は子どもをメインターゲットとして集客したのですが、その際にはターゲットをさらに絞り込み、保育園・幼稚園児をまず募集しました。それは、これまで紹介したアンケート結果やデータからもわかるように、英語教育のさらなる低年齢化が進んでいたためです。

そして何よりも、スクールを新規開講する際には、この保育園・幼稚園児の年齢層が一番集客しやすかったのです。

また、保育園・幼稚園児が中心だと、教室に賑わい感が出せて、生徒が早い時間帯に集まるので、社員のモチベーションも上げられました。

しかし、集めやすい年齢層だけ募集すれば、一時は生徒集客に勢いが出ますが、クラスの定員がいっぱいになれば、それ以上の生徒を収容できずに、キャンセル待ちになってしまいます。

そこで私がさらに考えた戦略が、授業料の価格設定でした。授業料の設定方法に関しては後ほどお話しますが、兄弟2人で通ったとしても、他スクールの1名分くらいの値段になるように授業料を安価に設定しました。これにより他スクールに比べ圧倒的に兄弟で通う割合が増えました。

もし兄弟がいない場合は、お母さまやおじいさま、おばあさまを一緒に集客しました。

この戦略により、たとえば保育園・幼稚園児のクラスが定員いっぱいになったとしても、兄弟の未就園児クラスや小学生クラス、また成人のクラスがしっかりと集客できるわけです。

こうすれば、労せずして他のクラスの生徒人数も増やすことが可能になります。

特にシルバー層は、あらゆるビジネスから注目されているターゲット層ですが、集客がうまくいっているスクールはなかなかありません。しかしこの方法であれば、容易にシルバー層を見込み客として開拓でき、さらに自分の孫が通っているスクールなら大丈夫という安心感も生まれ、アプローチも非常にやりやすくなります。

保育園児や幼稚園児はやがて小学生になり、中学生になります。そうすれば、生徒全体のバランスも整ってきます。生徒に長く通ってもらう方法については後述しますが、長年通ってもらえれば、得意な年齢を集中的に集客しても、最終的にバランスが取れ、全学年を集めたことと同じ結果になるわけです。

ターゲット絞り込みの成功事例
―「時間がある人」「お金がある人」「結果をすぐに求めない人」を見つける―

先述したように、私はあえて子どもにターゲットを絞りました。先にその理由にも少し触れましたが、ここではもう一歩踏み込んでお話ししたいと思います。

私が子ども英会話を選んだ理由は、先に見たように、英語教育が低年齢化しているからです。また、英会話は低年齢から始めるほうが効果的といわれていることも関係しています。このことは、特に未就園児、幼児の父親、母親はよく知っていると思われます。

しかし、私が未就園児、幼児を選んだ最大の理由は、長期間通ってもらえることです。英会話スクールの主な収入源は授業料収入です。これがずっと安定して入金されると経営は安定しますし、生徒が増えれば、さらに収入は増えることになります。

そのためには、いかに退会を防ぎ、長期間通っていただけるかを検討する必要がありますが、この点でも子ども英会話は適しているのです。それは次のような理由によります。

▼1 生徒が低年齢のため

入会時が1歳の場合、その後3年間通っても、まだ4歳です。まだまだ時間に余裕がある年代です。

一方、高校受験のための進学塾では、最大でも中学1年から3年までの3年間しか通ってもらえません。これに対し、未就園児、幼児の場合は、期間的な制限があまりありません。

▼2 結果はすぐ出ない

これが最大のポイントです。あくまでも会話主体なので、進学塾のように模試の偏差値や通知表の内申点や志望校合格など、すぐに結果を出さなくてもすみます。

進学塾であれば中学受験が終われば必然的に

退会しますし、高校受験でも同じです。生徒が退会すれば、また新しい生徒を開拓しなければいけません。

ただ、ここで勘違いしないでほしいのですが、結果がすぐに出なくてもいいからと、いい加減なレッスンをすれば、生徒はそれを敏感に感じます。そうなれば、スクールの評判が落ち、退会者が増えるので要注意です。

▼3　人件費を抑えることができる

進学塾の場合、「成績向上」「合格」といった結果を出すためには、講師にかなり高額な報酬を支払わなければなりません。これに対し、英会話に目標がないとはいいませんが、進学塾に比べれば、「成績向上」とか「合格」といった明確な目標はありません。

これだけでも、経営する側が受けるプレッシャーは違ってきますし、講師に高額な報酬を払わなくてもすむようになります。

これらが、私が子ども英会話を選んだ理由です。「時間がある人」「お金がある人」「結果をすぐに求めない人」という条件を満たせば、子どもは有力なターゲットになります。

未就園児、幼児の場合は「結果をすぐに求めない人」に該当しますし、「お金がある人」にも当てはまります。なぜならば、未就園児や幼児は「シックスポケット」を持っているからです。シックスポケットとは、父、母、父方の祖父・祖母、母方の祖父・祖母の６つの財布があることを指し、子どものためにお金を出す人が多いことを意味します。

未就園児、幼児以外でも、「時間がある人」「お金がある人」「結果をすぐに求めない人」という条件を満たせば有力なターゲットになりますし、英会話以外のスクールでも、そうしたターゲットを見つけることは可能です。

イメージ戦略の成功事例

私が行ったイメージ戦略は「地域密着型」でした。顧客の対象となる消費者のうち2割の人が在籍するようになれば、その教室は長期にわたり繁栄します。これがマーケティングでいう「2割の論理」です。

2割の人が同じことを言い出すと、それはみんなが言っているような効果があります。これが「2割の論理」です。

2割といっても、それは小学校全校生徒の2割でなくてもいいのです。一クラスの2割であってもかまいません。もし、全校生徒の2割がスクールに通ってくることになったら、その時点で満席になってしまいます。

幼稚園にしても、保育園にしても一クラスでもいいのです。このことが、私が考える「地域密着」のイメージ戦略には必要になります。

さらに、このイメージ戦略を加速させるためにイメージキャラクターを作成しました。

実は、キャラクター作成には、40万円ほど費用がかかったのですが、それはプロのデザイナーに依頼したためです。

「キャラクターづくりに40万円は高い」と思うかもしれませんが、私はキャラクターによるイメージ戦略は重要であると考えました。チラシにしてもキャラクターがあるのとないのとでは、それを見た人が受ける印象の強さに違いが出てくると思ったからです。ちなみに、キャラクターを作ったおかげで、戦略どおり、当方のイメージもしっかりと定着しました。

当方のイメージが定着したことにより、子どもへのアプローチがやりやすくなったのはいうまでもありません。最初に投資した金額以上の効果はしっかりと出たわけです。

このように、ターゲットを絞ったイメージ戦略により、生徒集客がやりやすくなります。これは、「情報量の法則」といって後述しますが、簡単にいうと、人は情報が多いほど安心するという法則です。

私は、イメージキャラクターを作り、ターゲットを絞り込むことで、一部ではあるかもしれませんが、消費者に安心感を与えることができたと思っています。これにより、たとえある一部分でも、大手スクールに負けないブランドイメージが出来上がります。

そうすれば、英会話を始める際には多くの人が、「まず○○スクールを見てみよう」という流れを作ることができます。

ここで参考として、小学生に対する効果的な「イメージ戦略」を少額で行える方法をお教えします。

まず、あなたのスクールの名前の入った文具やノート、ボールペン、下敷きなどで、小学生が欲しがりそうなものを何でもいいから集めてください。

そして、小学校の門の前で配り続けるのです。小学生があなたのことを覚えるくらいまで配り続けてください。ちなみに、２週間程配り続けると効果があります。

これだけで、小さい範囲かもしれませんが、あなたのスクールの認知度は格段に上がります。これが少額で行うイメージ戦略方法のひとつです。

経費は全校生徒５００名全員に配ったとしても、１００円の物であれば、わずか５万円です。ちなみに、５万円の雑誌広告や新聞折り込みを行って、同じ効果が出るかは大いに疑問があります。

このように、個人のスクールでもやり方次第では大手の特権である「イメージ戦略」も可能になるわけです。

さらにキャラクターを作成したいけれども、高額な金額は出せないという場合は、現在通われている生徒やスタッフから募集することも可能です。

ただこの場合、注意しなければいけないことがあります。それは次の点です。

1　キャラクターを書いてもらえるように動機付けをすること
2　決めたキャラクターを校正（修正）すること
3　決めたあとのフォロー

1についてては、「キャラクターを募集します！」だけではなかなか集まりにくいです。これには「最優秀賞」「優秀賞」などを設け、それに選ばれた人には、英語の歌のCD等のプレゼントを渡すなどの工夫が必要です。

また、テーマを決めておく必要があります。もし子ども向けの場合であれば、いろいろな案が出てくるはずなので、あらかじめ「動物」とか「先生の顔」といった具合に、テーマを決めておくと選びやすくなります。

2についてては、生徒やスタッフが書いたキャラクターをそのまま使うこともできますが、チラシ、看板などのイメージ戦略に使っていくわけですから、できるだけ校正するようにしてください。

3についてては、子どもたちの場合に考えられることですが、自分の書いたものが採用されなければ、ふてくされてしまう子どもが出るかもしれません。

そのためのフォローもあらかじめ考えておきます。せっかく子どもたちから公募しても、落選してわだかまりが残ったら、逆にマイナスになってしまいます。

参加賞を用意するなどして、公募してくれた子どもたちにまんべんなく対応することも考えた方がいいでしょう。

生徒募集時期を限定しない戦略事例

多くのスクールは、春に大々的に生徒募集を行います。これは、新年度になると消費者が何か新しいことを始めようと考える心理状況と、スクール側のカリキュラムは4月から始めるので募集をしやすいというふたつの理由によります。

確かに私も英会話スクールを経営していたころは、春の時期は通常の時期に比べ生徒募集に手ごたえがあったことを覚えています。同じ広告を出すにしても、反応率は1・5倍くらい高かったと思います。ちなみに春期以外では、秋に募集をかけるスクールが多いです。

春の生徒募集の場合、早ければ12月中に準備をして、新年の1月から募集を始めるスクールもありますが、多くのスクールは2、3月に始めているようです。

この時期になると、大手スクールはかなりの資金をかけて、テレビCMを使った宣伝広告活動を行って、生徒を募集します。

また、大手スクールだけでなく、自スクールの近隣にあるライバルの同業他スクールもいろいろな宣伝広告活動を行います。そのため中小・個人経営のスクールは、たとえ募集しやすい時期であっても、必ず思ったとおりの生徒募集ができるとは限りません。4月が終わり、結局生徒を集められなかった、で終わってしまうスクールも少なくありません。

しかし、実は4月以降に、入会を考える消費者も多いのです。新入学（入園）、新学期などで環境が変わるため、新しい環境に慣れてから習い事を始めようと考える人もいるからです。成人であれば、入社、転勤など職場環境が変わることもあるので、春の時期をはずしてスクール選びをする場合もあります。そのため5、6月は第二の春の募集ができます。

このように、一般的には春の時期、特に2、3、4月が最大の生徒募集時期だと考えられていますが、その時期以外でも生徒募集はできるのです。

多くのスクールは4月が過ぎてしまうと、一気に生徒募集のためのアクセルを緩めてしまいます。そうしたなか、私の英会話スクールは、そのまま生徒募集のアクセルを緩めることなく募集を行いました。実際に生徒募集を行うと、同業他スクールが生徒募集をほとんど行っていない状態なので、確実に生徒を集めることができました。

生徒募集時期を限定してしまうことにより、本来集客できるはずのお客さまを逃してしまうこともあります。確かにカリキュラムなどの問題もあるとは思いますが、それは定員いっぱい生徒を集客できて初めていうことです。随時募集をして、途中入会の生徒でも問題なくできるカリキュラムを考えればいいことです。

生徒募集時期を限定せずに、常にアクセルを踏んだ状態で募集を行うことが、同業他スクールとの差別化にもなるのです。

第3章

生徒集客の戦術

～生徒はこうして集めよう～

生徒募集はむずかしくない

新規客を集める技術がないスクール

繁栄しないスクールには、「新規客を集める技術を持っていない」という共通点があります。そして、多くのスクールが、新規の生徒の獲得を既存の生徒からの「紹介」に依存しています。

この傾向は、個人経営のスクールになればさらに強まります。

株式会社アルクのアンケートによると、個人経営のスクールの9割が、「口コミ」いわゆる「紹介」で生徒を集めています。

1位　口コミ
2位　折り込みチラシ
3位　地域情報誌などへの広告
4位　インターネット
5位　公共の場の掲示板

これが集客方法のベスト5ですが、実際は積極的にチラシを撒いたり広告を出したりしているスクールはあまり多くありません。

「チラシは打つけど、年に数回」
「フリーペーパーに三行広告を出している」
「年に1回、習い事の雑誌に広告を出している」
といった程度のことしか行っていないようです。これでは、生徒が増えるどころか、じりじりと減ってしまいます。

ここで、「口コミによる紹介で生徒が確保できるのだから、問題ないでしょう！」と反論の声が聞こえてきそうです。

　確かに「集客には、口コミによる紹介が効果的」であることは間違いありません。しかし、口コミによる紹介は、既存客からしか得られないので、既存客が増えなければ、口コミによる紹介も増えません。

　ですから、他の方法も考えなければいけません。そこで問題となるのが「ＰＲ不足」です。

　なぜ、多くのスクールがＰＲ不足になるのでしょうか？　それは、「広告を出しても反応がない」「どうせ反応がないならば、無駄に広告を出して経費を使うのはもったいない」と考えてしまうからです。

　しかし、そういったスクールが出す広告は、概して無機質なものが多く、厳しい言い方をすると、「こんな広告で、誰が行こうと思うのだろうか？」と思ってしまうものがほとんどです。繁栄しない多くのスクールの流れを見てみましょう。

「新規客を集める技術がない」
↓
「折り込みチラシを入れたり、フリーペーパーに広告を出したりしてみる」
↓
「やっぱり新規の生徒が増えない」
↓
「販促活動を控える」
↓
「残る手段は既存からの紹介を待つ」

やはりスクールビジネスでは、「新規客を集める技術」を持つことが求められます。それができれば、「販売コスト（広告などの経費）」が無駄な経費から売り上げを伸ばす「原資」に変わっていきます。

　生徒募集がうまくいかず、お悩みでしたら、もう一度、販売促進を見直されてはいかがでしょうか。

生徒募集って何？

これまで私の成功事例も踏まえて説明してきましたが、私自身、最初から何でもうまくいったわけではありません。

特に生徒募集に関しては、かなり苦労しました。事実、多くのスクール経営者が生徒募集に関しては苦労されているようです。

ただ少し視点を変えてみると、生徒募集は決して難しいものではなくなってきます。

私はその点に気づくことができたおかげで、生徒募集に苦労をしなくなりました。

では、どうして生徒募集に苦労するのかについて述べていきましょう。

私は生徒募集は、営業であると考えています。

英会話スクールであれば、「英語」「レッスン」「カリキュラム」「講師」「教材」などの商品を消費者に販売していくわけですから、それはまさに営業です。

ところが多くの方は、この営業があまり得意ではないと思っているようです。そのため生徒募集で苦労するのです。

繰り返しますが、「生徒募集＝営業」です。

まずはこの点を頭に入れておいてください。

この「営業」に関して、「あの人は営業向きだから」「私は営業向きじゃないから……」という言い訳をよく耳にします。

それでは、営業向きってどんな人でしょうか？

このような質問をすると、多くの方は「人付き合いがうまい」「明るい」「押しが強い」などと答えます。

それでは、営業に向いていない人は、果たして「人付き合いが下手」「明るくない」「押しが強くない」のでしょうか。

いいえ、違いますよね。

営業向きではないと考えている方でも明るく、人付き合いの良い方はたくさんいます。

たとえば、あなたが友達を作るとします。その際に、あなた自身（商品）をPRしますよね？

こう言ってピンとこなければ、恋人を作るときのことを考えてください。そのとき、相手を振り向かせようとあなた自身（商品）をＰＲしているのではありませんか？　自分をＰＲして、相手にあなたという人間を知ってもらおうとするはずです。これはまさに営業の仕事です。

このように考えると、営業は決して特殊で難しいことではないことがお分かりいただけると思います。要は、あまり複雑に考えないことです。そうなると、あとはどのようにＰＲするのかという方法論の問題になります。多くの方が「どうやってＰＲすればよいのか」と悩みます。

一番早い方法は、すでに成功した事例を真似してみることです。習字でもそうですが、お手本を真似して書いていくのと同じように、最初は真似をすることから始めればいいのです。

生徒募集は「友達作り」である

ＰＲするといっても、消費者は売り込みと分かると、逃げたがりますし、なかにはあからさまにイヤな顔をする人もいます。

あなたにも似たような経験があるのではないですか？

「できれば、消費者のイヤがる顔を見たくない！」と思うのはごく自然なことだと思います。

私も人の目を気にするほうなので、その気持ちはよく分かります。だから、自分のスクールのチラシを配っている際に、「ありがとう！」と言ってもらえると、とてもうれしくなります。

チラシ配りでは、ときには迷惑そうにされたり、無視されたり、文句を言われることもあります。すると、さすがに多くの方は「もういやだ！」と思ってしまうもので、その気持ちもわかります。

体験レッスンでも、いざ入会の説明をしようとしたとたんに、その方の顔がいきなり曇りはじめるなんてこともあります。ひどいときには、人格まで否定されたような気分になり、仕事を投げだしたくなることもあります。

こういったことの積み重ねが、営業を敬遠する要因になっていることは間違いないでしょう。

根性論や精神論を重視する人は、「断られるのは、当たり前だ！」とか「断られないやつを見つけて来い！」とか「面談件数が少ないから、そうなるのだ！」などと言うものの、「どうして断られるのか」「どうすれば断られないのか」という肝心な原因や対処方法は見えてきません。

確かにいきなりモノ（商品）を勧めたら、よほどそのモノ（商品）が必要でなければ、最初は断られます。

しかし断られる理由を明確にしないで途方にくれるだけでは、何の解決にもなりません。しっかりと断られる理由を把握しなければ、対処法は見えてきません。

では、その理由とは何でしょうか。あなたは何だと思いますか？　もう一度、先ほど営業についてお話したことを思い出してください。

そうです。営業は友達作りと同じ、とお伝えしましたよね。この点をもう一度頭に入れて、私の話を聞いてください。

まず、あなたは全く知らない人と友達になるときに、いきなり「友達になってください！」と言いますか？　もしそんなことを言ったら、あなたが本当は怪しい人でなくても、相手はちょっと引きますよね。

だから、最初に、「趣味」「音楽」「映画」「ゲーム」などいろいろな話題から話しはじめます。そこで共通点を見つけたりして、お互いに親近感を持つようになって、そこから友達付き合いが始まると思います。このように、友達作りでも、自分を知ってもらおうとするはずです。

ところが、いざ営業となると、とにかく商品を売ろう売ろうと考えて、あなた自身を知ってもらおうと努力しません。

チラシ配りもそうです。チラシを配ることだけ考え、とにかく配りまくります。配る枚数が多ければ多いほど仕事をした気になります。

しかし、残念ながら配ったあとで、すぐに捨てられているあなたのチラシを見つけ、それを拾うことになってしまいます。

チラシを配ったあとに電話が鳴ることはなく、もちろん問い合わせもありません。これでは何の意味もありません。ただ空しさだけが残ります。

確かにチラシ配りの目的は、商品の販売です。スクールであれば、体験レッスンの申し込み、スクールへの入会になります。ここはぶれてはいけません。しかし、いきなり目的（販売）から入ってしまうと、消費者は売り込まれると感じ、警戒して目の前に高くて頑丈な壁を作ってしまいます。

ですから、まずはあなたという人間を知ってもらわなければいけません。

それはまさに友達作りと同じです。

このことに関する興味深い法則の一部を紹介します。米国の心理学者ザイアンスが1965年に発表した、人間の心理についての法則で、「ザイアンス（ザイオンス）の法則」と呼ばれています。

「ザイアンス（ザイオンス）の法則」とは、

1　人は知らない人には、攻撃的、批判的、冷淡に対応する。
2　人は会えば会うほど好意を持つ。
3　人は相手の人間的側面を知ったときに好意を持つ。

簡単に言うと、「人は、知らない人には批判的、攻撃的になるが、会えば会うほどその人に好意を持つようになる」ということです。

こうした人間の心理の変化は友達作りにも、さらには営業にも当てはまります。

どんな人でも知らない人との接触は本能的に緊張を伴うものです。このことは特に生まれたばかりの赤ちゃんや、小さな子どもに起きる

「人見知り」を見れば分かると思います。

赤ちゃんは本能で知らない人を危険と感じてしまいます。だから、初めて会った場合「99％冷たく断られる」のが当たり前なのです。あなたが悪いわけでも、相手が悪いわけでもないのです。

これが商品を売る前に、あなたを知ってもらわなければならない理由です。

ここまでの話をまとめますと、あなたはすぐに商品をＰＲしなくてもいい、ということです。まず「あなた自身」をＰＲしてください。

あなたがどういった人物なのか、どういったことに興味を持って、どうして今の仕事をしているのかなど、世間話でもかまいません。相手にあなたという人物を知ってもらってください。

そして次に、「あなた自身」をＰＲするのと同じように、よく知っている「商品」をＰＲしてください。

このように考えて、消費者に接してみてください。きっとお客さまとの壁は取り除かれ、あなたは営業というもの、生徒募集というものが決して難しくないと感じられるようになるはずです。

生徒募集に不可欠な3つのポイント

生徒募集には３つの不可欠なポイントがあります。

これは生徒募集に限らず、いろいろな業種の集客にいえることです。

多くの業種、たとえば飲食店にしても、服や靴を扱うお店でも、雑貨を扱うお店でも、集客に関しては常に次の３つを考えなければいけません。便宜上、ここではスクール運営の、特に生徒募集に的を絞ります。

ポイント1　消費者に知ってもらう

どのようなスクールなのか、このスクールに通ったらどうなるのかを認知してもらうことです。

ポイント2　消費者にみてもらう

実際にスクールの雰囲気やレッスンを見てもらい、実感してもらうことです。

ポイント3　入会へのアプローチ

スクール入会への入会説明をすることです。

集客ではこの３つが絶対に不可欠です。どれも単純な事柄ですが、この３つができれば生徒募集は難しくありません。

あとはどのようにこの３つを行っていくかがポイントになります。

生徒募集に必要な『2対6対2の法則』

先述したように、生徒募集では、まず消費者に知ってもらう必要があります。

別の言い方をすれば、消費者がいざ何かを学ぼうと考えたときに、そのスクールが消費者の選択肢のひとつになる、ということです。

これは英会話スクールだけではなく、学習塾やピアノ教室、パソコンスクールなど、その他のスクールにもいえることで、さらに飲食業や小売業にも当てはまります。

そのために多くのスクールは、その存在を消費者に知ってもらおうと、定期的にチラシやフリーペーパーなどで宣伝広告活動を行っているわけです。

しかし、それだけでは不十分です。顧客対象となる消費者に接触したり面談したりする必要があります。その際に、私は『2対6対2の法則』をいつも念頭に置いて消費者と接触しています。

『2対6対2の法則』とは、10名に面談したとしたら、そのうちの2名は必要性を感じ、興味があり、すぐにでも入会をしてくれる人たちで、6名は緊急性を感じているわけではなく、どちらにしようか迷っている人たちです。そして残りの2名は、全く興味のない人たちです。私はこれを『2対6対2の法則』と呼んでいます。

私がなぜこの法則を意識するのかというと、これを知らないと、チラシやフリーペーパーなどのマス媒体を使う際に、効果が大きく違ってくるからです。

集客する際には、まずは必要性や興味を感じている「10名の中の2名」を見つけますが、もしその地域にすでに多くのスクールがあれば、その2名は既存のスクールに入会している可能性が高いといえます。そのような地域でチラシやフリーペーパーなどのマス媒体を使って宣伝しても、あまり効果はありません。

これに対し、同業のスクールが多い地域でも、引越しの多い、いわゆる転勤組が集まる地域であれば、この2名はまだスクールを探している可能性があるわけです。その場合にはチラシやフリーペーパーは有効です。

チラシやフリーペーパーを検討する際には、こうした地域性を考慮しなくてはなりません。

現状で、マス媒体でこの2名を集客できなければ、宣伝広告活動のやり方を変えなければなりません。

緊急性をあまり感じていない、どうしようか迷っている6名にアプローチするのです。ここでモノをいうのが、対象者となる消費者との接触や面談です。もしマス媒体で2名を引き寄せられるような地域であれば、面談に来た2名は必要性や興味を感じている可能性がありますが、マス媒体で集客でない地域であれば、面談に来た2名は、迷っている人である可能性が高いといえます。

このように『2対6対2の法則』を知っていれば、マス媒体による広告の有効性が判断でき、面談に来る人の性質が想像できるようになります。

3-2

宣伝広告活動をする前に

広告の考え方

広告を生徒集客ツールとして捉えた場合、ふたつの基本的な考え方を知っておく必要があります。

▼アイデンティティーを確立する

広告にはアイデンティティーを確立するというはたらきがあります。その典型的な例はコカ・コーラの宣伝です。コーラを知らない人はいないのに、もう何十年もの間宣伝し続け、ソフトドリンクのトップを維持しています。これは、コーラのアイデンティティーを確立するために宣伝をしているからです。ちなみに、毎年コーラはペプシよりもはるかに多くの広告費を使っています。

トヨタが新型クラウンを市場に導入したとき、テレビＣＭで海岸線の曲がりくねった道路を軽快に駆け抜ける新型車を映し、すばらしいイメージを伝えました。渋滞した道路のシーンで新車を見せることは決してありません。これもアイデンティティーを確立するための手法です。

このように、アイデンティティーは、消費者の誰もがその製品をよく知っていても、休みなく広告を打ち続けることで構築されます。

▼買うのは今だ

トヨタやコカ・コーラのアイデンティティーを構築するためのコストはメーカーが負担しま

す。そして消費者に「今日クラウンを買おう」「コーラ一ケースを今日買おう」という気にさせるためのコストは、小売店が負担します。

このことは車のディーラー（販売会社）の新聞広告を見ればわかります。（メーカー広告ではなく）ディーラーの広告にはアイデンティティーの統一がほとんどありません。強調されているのは価格だけです。ディーラーは低価格を強調し、これでもか、というくらいにあおります。さまざまな販売店が流すテレビCMを思い浮かべてください。そこで何を強調しているでしょうか。やはり値段の安さです。

コーラを販売する小売店の場合も、価格を強調することに変わりはありません。製品の小さな写真にブランド名、そしてあとは価格、価格、価格、という表示です。

低価格を強調する目的は、消費者に今買わせることです。「待ってはいけない。待っていたら価格は上がる。だから買うのは今だ」とあおるわけです。

このふたつが基本的な広告の考え方です。

それでは、片方のタイプの広告は、もう一方のタイプの広告が伴わないと効果を発揮しないのでしょうか？

アイデンティティーを構築するためのさまざまな広告は、「今買おう」式の広告抜きでも充分効果を発揮します。コカ・コーラは毎日それを証明しています。トヨタのディーラーが価格一本槍の広告を地方紙に打たなくても、トヨタのテレビCMに触発された消費者は、トヨタの販売店を何とか探し出します。

けれども、「今買おう」式のさまざまな手法は、アイデンティティーを構築する広告なしには効果が発揮されません。

たとえば、何の変哲もない車輪をつけた、ただの箱のようなつまらないデザインのクルマがあったとします。そして、そのクルマが浜辺を疾走する写真が地方紙に載っていたとします。いくらクラウンより値段が安くても、果たして高級車に魅了された人たちがクラウンを見捨ててまで、そのクルマのディーラーに殺到するでしょうか。そんなことは、まずないですよね。それはすでにクラウンが確固たるアイデンティティーを確立しているからです。

「アイデンティティー構築」を目的とした広告を「イメージ広告」、「今買おう」式の広告を「レスポンス広告」とすると、両者の特徴は次のようにまとめられます。

この表を見てお分かりになるとおり、「イメージ広告」と「レスポンス広告」は根本的に違います。広告宣伝活動をするためには、この違いを理解しておく必要があります。

	イメージ広告	レスポンス広告
目的	認知度アップ	収益アップ
特徴	写真やグラフィック等で デザインをしっかりした物にする。	コピー中心。 無料サンプル等の提供。
顧客反応	小売店で選択、購入。	注文、資料請求。
効果測定	計測は不可能。	計測は可能。

3-3

チラシ作成編

効果的なチラシとは

「チラシを配っても反応が悪い。きっとウチの教室は有名じゃないから……」

チラシを何度配っても反応が悪いスクールの経営者のなかには、こう考える人も少なくありません。

しかし、有名な大手スクールでも、反応率がよいわけではありません。現在の新聞折り込みでの反応率の平均は、0・03％といわれています。要するに、1万枚のチラシを配っても、3件の問い合わせが来る程度です。ですから、有名なスクールであっても、チラシを撒いたとたんに、ひっきりなしに電話がかかってくるということはありません。

また、問い合わせがあっても、100％入会者になるわけではないので、チラシによる入会の割合はさらに悪くなるはずです。

「チラシを配っても反応がない」と考えているスクールの経営者に話をよくよく聞いてみると、次のような勘違いをしていることがあります。

- ▼チラシ反応率の平均値を知らないため、1000枚撒いて全然反応がないと諦めてしまう。
- ▼他スクールと同じようなチラシを、他スクールと同じように配っている。
- ▼チラシの作り方が、消費者のキモチとずれていることに気づいていない。

どうでしょうか。もしかしたらあなたも思い当たることがあるかもしれませんね。

１０００枚のチラシを配ったくらいで、チラシではダメだと思うのは早すぎます。平均の反応率が０・０３％程度ですから、１０００枚配って問い合わせがなくても当たり前なのです。

それでは、枚数を多く配ればいいのかといえば、確かに問い合わせの件数は増えるかもしれません。

たとえば、１００００枚で3件の問い合わせがあったので、30件の問い合わせが来るように10万枚配るのは、果たして費用対効果はあるのでしょうか。

また他スクールと同じようなチラシを、同じように配っていては、消費者に他スクールとの違いを訴えることもできず、期待するような結果にはなりません。

さらにチラシの作り方が消費者の求めているものや、気持ちとずれてしまっていたら、なおさら消費者から問い合わせは来ません。


明らかに多くのスクールのチラシはＰＲをしすぎています。確かに、チラシはスクールのことを知ってもらうために作成するものですが、自スクールの言いたいことばかり書かれたチラシでは、消費者に見てもらう以前に、そのまま捨てられる運命になってしまうのです。

消費者は、あなたのスクールがどれだけすばらしいかを知りたいのではなく、そのスクールは自分をどのように成長させてくれるのか、本当に悩みを解決してくれるのかを知りたいのです。

何も考えずにチラシを作って、闇雲に枚数を配っているだけでは、消費者に見てもらうことすらできないので、問い合わせなどの反応はおろか、スクールの認知度アップにも貢献することはありません。

このようなチラシの配り方では、生徒募集をする方法としては最悪なものになってしまいます。

それでは、どうすればいいのでしょうか。まずはチラシの内容をしっかりと考えていく必要がありますが、その前に理解しておいていただきたいことがあります。

それは、生徒募集（営業）方法の基本的な考え方で、マーケティングでよく引き合いに出される「プッシュ型」と「プル型」という考え方です。

両者の意味は次のとおりです。


【プッシュ型】

売り手から消費者に積極的にコンタクトを取り、消費者側をその気にさせる方法。


【プル型】

こちらから情報を発信し、その気のある消費者側からのコンタクトを待つ方法。


チラシを新聞に折り込んで、電話での問い合わせを待つ方法は、どちらかといえば「プル型」の方法になります。しかし本来の「プル型」の方法は、見込み客を集めることからスタートしなければいけません。

新聞の折り込みの場合、対象者が幅広いので、購読者のすべてが見込み客になることはありません。このことが、平均の反応率を０.０３％まで下げてしまう一因と考えられます。とはいえ、そのなかに見込み客になる消費者がいることも間違いありません。

見込み客というのは、紛れもなく「スクール」が提供するサービスに必要性を感じている人達」です。たとえば、英会話スクールであれば「英語」になりますし、パソコンスクールであれば「パソコンの技術」などの必要性を感じている人たちです。

ただし、「英語やパソコンは今から始めなければいけない！」と思っているだけでは、その見込み客は行動をなかなか起こしません。

そこで、反応率をあげるために、購買プロセスに基づいたチラシの書き方をお話していきます。

購買プロセスとして、マーケティングの世界には「ＡＩＤＭＡ（アイドマ）の法則」があります。「ＡＩＤＭＡ」とは、次の５つの頭文字をとったものです。

Attention ――――― 注意
Interest ――――― 興味
Desire ――――― 欲求
Memory ――――― 記憶
Action ――――― 行動

ちなみに、この法則はコンセプトが明確で、認知度が高く限定性の高い商品に向いています。

それではひとつずつ順を追って見ていきましょう。

【Attention（注意）】

消費者の注意をこちらに向けさせることです。まず、チラシは消費者に見てもらう必要があります。特に見込み客である対象者にはなおさらです。

そのためには、チラシを見てもらえるような「キャッチコピー」を考えなければいけません。

【Interest（興味）】

消費者の関心を引くことです。「キャッチコピー」を見て、そのチラシを手に取ったとしても、そのなかの文面までじっくり読むとは限りません。

そこで、興味を抱かせ、文面を読みたくなるようにしなければいけません。それをリード文という形で書きます。

【Desire（欲求）】

消費者に、欲しいと思わせることです。

見込み客がチラシの文面を見て欲しくなる、またはやりたくなるように心を動かし、欲求をかき立てます。

【Memory（記憶）】

商品やサービスを消費者に印象づけることです。

商品やサービスを記憶に留め、消費者が他の商品・サービスと比べる際に思い出せるようにします。

【Action（行動）】

消費者に購買という行動をおこさせることです。

その際には、「期間限定・数量限定」などを謳い、行動を促します。「今すぐ！」という緊急性を演出するわけです。

ご存知のとおり、大手スクールのチラシは、どちらかというとイメージ広告になっています。イメージ広告を否定するつもりはありませんが、イメージ広告で効果を出そうとするためには、多くの資金が必要となります。

できる限り少額で効果を得るためには、レスポンス広告のチラシを作成することをおすすめします。

この点を具体的に考えてみましょう。

まずチラシを作成する際に、目的をはっきりさせておく必要があります。

どういうことかというと、折り込み対象地域の消費者の英会話に対する必要性をしっかりと把握すれば、そのニーズによって目的が変わってくる、ということです。これにより先ほどお話した【Attention（注意）】【Interest（興味）】【Desire（欲求）】の書き方が変わってきます。

たとえば、子ども英会話の場合、公立の小学校の93・6％（20803校）が「英語活動」を実施しています（文部科学省　小学校英語活動実施状況調査結果）。これを見れば、小学生への英語教育の関心が高まっていることは確かです。

しかし、先に紹介したアンケートでは、「子どもの英語教育はいつから始めるべきだと思いますか？」という質問に4割以上のお母さん方が、英語教育は小学校から始めればいい、と考えています。

このように、子どもの英語教育は小学校からで大丈夫と考えている地域の母親へ、未就園児や保育園児・幼稚園児の生徒募集をメインにしたスクールのチラシを配って、果たしてそのスクールへ問い合わせをするでしょうか？

このような地域の母親へは、子どもへの早期英語教育の重要性から訴えていかなければいけません。

そのため、チラシの内容は、

「どうして英語教育は早く受けた方がいいの?」

「子どもの耳の話」

「子どもの脳の話」

などになってきます。

この場合の目的は、英語に関心はあるがまだ早いと考えている母親たちに「英語の必要性」や「英語の緊急性」を促し、行動を起こさせることになります。

英語への関心が高まり、子どもに英語教育が必要であると考えている母親は95%に達しているので、小さな子どもを持つ家庭は、すべて見込み客になりますが、上のようにもう少し細分化してターゲットにマッチしたチラシを作成した方が、より効果が期待できます。そのためにも、折り込みをする地域の消費者の状況を把握しておき、どのような見込み客がいるのか知っておく必要があります。

漠然と「英語は楽しいよ!」では、なかなか成果をあげることは難しくなっています。同じように成人の場合でも、「英語は必要だ!」だけではなかなか問い合わせは来ません。

チラシを配っても反応がないと諦める前に、どうすれば反応が来るのか、どうして反応がないのかを考えることが必要です。

こんなキャッチコピーが生徒を集める

前項で、チラシには反応率を上げるための流れがあることがお分かりいただけたと思います。

次に重要なポイントは、キャッチコピーです。ここでは、反応率を上げるためのキャッチコピーについて紹介します。

「消費者の心をくすぐるようなチラシを作りたい」と考えているスクール経営者の方は多いはずです。

しかし私が見る限りでは、「生徒募集中」などの文字が目立つだけで、これだと思うようなキャッチコピーを使っているスクールはあまりありません。消費者の心をくすぐるためには、消費者の共感を得るようなキャッチコピーを作成する必要があります。

一番手っ取り早い方法は、生徒にアンケートを取り、その質問事項に「あなたがこのスクールを選んだ理由」を追加しておくことです。そうすれば、生徒があなたのスクールを選んだ理由が分かります。そしてそれをキャッチコピーに使います。

しかしこの方法では、スクールが伝えたいこととキャッチコピーにズレが生じる場合があります。

そこで、さらにもう一歩踏み込んだキャッチコピーの作成方法として、「ブレインダンプ」という方法があります。これは私も用いているものですが、一項目につき最低20個の答えを考え、さらにそこからもう10個の答えを考え出します。要するに、もうこれ以上は考えつかないというところから、さらに答えを引き出す、ということです。

本来は自分のスクールを客観的に見たり、頭の整理に用いる方法なのですが、キャッチコピーを作成する際にも非常に有効です。

それでは、質問事項を書き出してみます。

・あなたのスクールの良いところ
（一番伝えたいこと）
・消費者が他スクールを選ぶわけ
（入会しない理由とその解決策）
・消費者に提供できるもの
（商品）
・あなたのスクールに入会するとこんな良いことがある
（特典）
・消費者があなたのスクールを選ぶわけ
（証明）
・その他
（英会話スクールであれば英語教育に必要なもの）

このなかで、キャッチコピー作成に用いるのは、「あなたのスクールの良いところ（一番伝えたいこと）」と「消費者があなたのスクールを選ぶわけ（証明）」の部分です。このふたつの質問に対する答えで、重なるものをピックアップします。これによりスクールとして伝えたい部分がキャッチコピーに加わってきます。

具体例を少しあげてみます。

たとえば「あなたのスクールの良いところ（一番伝えたいこと）」の答えとして「自分の都合で予約を取ることができる」があり、一方「消費者があなたのスクールを選ぶわけ（証明）」の答えとして「予約がとりやすい」があれば、答えが重なっています。

これが消費者の悩みを解決するスクールのサービスになります。その他には「講師が親切」や「駅が近くで通いやすい」などの文章をキャッチコピーとして用いることにより、消費者の共感を得ることができるようになります。

こうしたキャッチコピーを作り、チラシに使うだけでもチラシの反応率は格段に上がります。

「佐藤式」3種類のチラシを公開

ここでは私が提案する3種類のチラシについてお話しします。それは、チラシを使用目的ごとに分けて作成することで、これにより効果が上がります。

▼1 最も安くできるチラシ

外注をせずにパソコンなどで作成し、突発的なキャンペーンをしたいときに使います。

たとえば「兄弟キャンペーン」をしてみようと思ったときとか、A教室とB教室を合同で募集強化したいときなど、大量印刷や外注する必要がない場合に作ります。ここで無駄な経費を使う必要はありません。また、外注すると数万枚といった大量の発注になりかねません。必要であればいいですが、余ってしまったらどうしようもありません。

ちなみに、このチラシはすぐに渡せるチラシとして、在籍している生徒に配ることもできます。

▼2 安くできるチラシ

ポスティングなど、まだ見ぬお客さま（消費者）用に、定期的なキャンペーンをするときに使用しますが、できれば外注したいものです。

このチラシは、決まったキャンペーンに使うので、教室数が増えなければ毎年使えます。また、初めてあなたのスクールを知る消費者に対し、しっかりとした印象をつけるためにも用意したいものです。

ただ、経費をあまりかけたくない方は、1の「最も安くできるチラシ」を代用してもかまいません。

▼3 パンフレットというチラシ

実際にスクールを訪ねてきた消費者に説明するための資料になります。内容は前記2点のチラシとは全く異なり、しっかりとスクールの内容がすべて分かるようにします。

安いチラシは一色刷りでも、二色刷りでもかまいませんが、パンフレットは四色刷り（カラー）で作ったほうがいいでしょう。

チラシの作成時に「見栄え」にこだわるより、「内容」にこだわったほうがいいのではないか、と思われるかも知れません。

確かに内容は重要です。しかし、私は見栄えも重要だと思っています。

私がスクールを設立した当初は、当然のことながら消費者に全く知られていませんでした。その状況で紙きれ1枚のチラシを作ったところ、怪しいとか胡散臭いと消費者に勘ぐられたことがあります。そのため見栄えもばかにはできないと思っています。

参考として、色に対する人の感じ方を示しておきます。

ピンク………情熱・優雅・優しさ・芸術
ブルー………冷静・伝達・愛・理解力
イエロー……ユーモア・陽気・幸福
グリーン……平和・働き者・向上心
ホワイト……誠実・純粋・超自然

ちなみに、男性はブルーを使いたがります。

これは、進学塾のチラシがブルーを基本に構成されているのを見てもわかると思います。

私の場合は、最も安いチラシはよくピンクとイエローのカラー用紙で作成していました。対象顧客が子どもであるため、意識的にやさしい色にしたからです。

チラシ作成で忘れてはいけない「6つの内容」とは

チラシで重要なのは、なんといってもその内容です。それは次の6つです。

1　チラシはZの流れでポイントを伝える。
2　伝えたいことは、ポイントを絞る。
3　人物を入れることにより、想像させる。
4　チラシですべてを伝えない。
5　必ず連絡先を載せる。
6　必ず担当者を載せる。

▼1　チラシはZの流れでポイントを伝える

これは人の目線と関係しています。

人はまず、最初に左上から見ます。そして、そのまま右上に目線を移します。そのあとで、左下に目線をやり、最後に右下にいきます。この目線の軌道はアルファベットの「Z」を描きます。

このことを考慮して消費者に特に伝えたいポイントをまず左上に記載し、次いで右上、左下、右下でその他のポイントや伝えたいことを強調します。

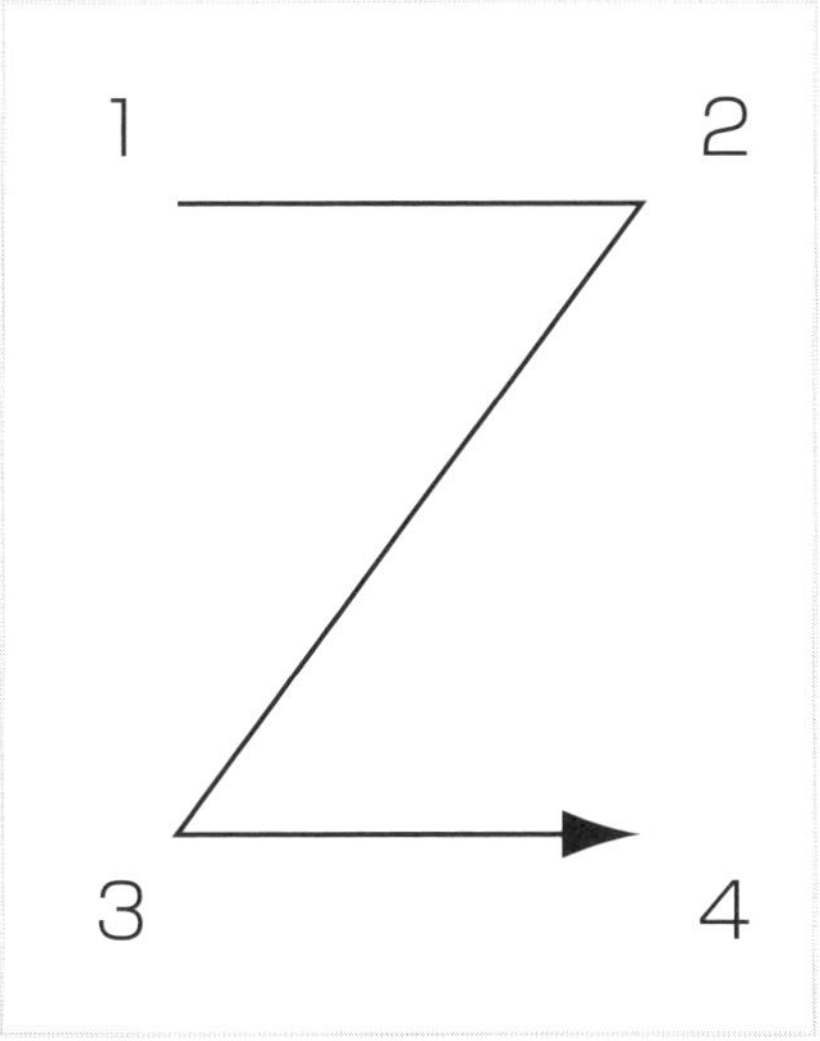

チラシは読み手の目線の動きに配慮して作る

▼2　伝えたいことは、ポイントを絞る

チラシを作る際、どうしてもあれもこれもと、たくさんのことを入れたくなります。しかし、見る側からすれば、情報が多すぎると何がポイントなのかわからなくなってしまいます。見る人は、すべてをしっかりと読んでいるわけではありません。

チラシはまず目に留まらなければ意味がありません。確かに、いろいろ書いてあると目に留まるかもしれませんが、そのチラシを見た人が、いったい何のチラシかわからなければ、目に留まっても結果にはつながりません。

▼3　人物を入れることにより、想像させる

いろいろなチラシを見ればお分かりになると思いますが、この方法は意外に使われていません。

見る相手にイメージを湧かせるためには、動く画像、要するに動画が適しています。しかし、チラシで動画を配信することはできません。そこで、文字に画像を加えて、少しでもイメージを持ってもらいます。

画像は、チラシの内容と全く関係のないものではなく、楽しそうに、喜んでいる人物の画像などが効果があります。具体的には、楽しそうなスクールのレッスン風景や、喜んでいる生徒たちの写真などを使うといいでしょう。

余談になりますが、最近では求人広告もイメージ戦略がいろいろ考えられています。

たとえば、仕事仲間はこんな感じの人たち、というように社員の写真を載せるケースがありますが、これも写真を上手に使っている例といえるでしょう。

▼4　チラシですべてを伝えない

あなたはチラシに事細かく書いて、消費者がそれをすべて把握し、納得して問い合わせをしてもらいたいと思うでしょうか。

あとで言った、言わないという問題をおこさないためには、そう考えても不思議ではありません。しかし、実際にそのような消費者がいっ

たい何人いるでしょうか。そんな消費者を掴むためのチラシを作成したらどうなるでしょうか。

もしチラシにすべてが書いてあったら、消費者はスクールに何かを問い合わせる必要がなくなります。

「チラシで充分あなたのスクールのことはわかりました」で終わりです。こうなったら、効果は半減します。そうならないためにも、チラシでは見込み客を集めるようにする「２ステップマーケティング」を取り入れる必要があります。

目的はいかに問い合わせてもらえるか、です。そのためには、チラシにすべてを書いて、クロージング（入会説明）まで行わないようにします。

▼5　必ず連絡先を載せる

「連絡先を載せるなんて、当たり前だよ」と思う方は多いと思います。実際、連絡先がなければ、問い合わせをしたくてもできないわけですから、必ず記入するに決まっています。

では、連絡先をどこまで載せていますか。

一口に連絡先といっても、こんなにたくさんあります。

- **住所**→当然載せます
- **電話番号**→これも載せます
- **FAX**→載せるかどうか判断する
- **フリーダイヤル**→あるとなお良い
- **ホームページ**→要判断
- **メールアドレス**→要判断
- **地図**→スペースも踏まえて判断
- **地図の説明**
  →場所がわかりやすいところであればいいですが、そうでないときは判断
- **他地区の自教室**
  →他地区に展開していたら検討する

どこまで、載せるかはチラシのスペースにもよりますが、ただの連絡先だけでも、このようにいろいろ考えなければいけないということです。

▼6　必ず担当者を載せる

意外に感じるかもしれませんが、担当者を載せているチラシは少ないです。

問い合わせする人の心理からすると「どのように話をしようか」と迷うことが多いのですが、そのときに担当者の名前がわかっていれば、「チラシを見たのですが、担当の○○さんはいますか」と切り出せますね。たったこれだけで、問い合わせをする人の心の負担は軽くなるものです。

また、チラシに担当者名を載せることにより責任の所在もはっきりするので、次につながるようになり、次回チラシを作ったときにはさらに結果が出るようになります。

意外にわかっていないチラシの役割

意外に見落とされているのがチラシの役割です。チラシにただ配るもの以上の役割を与えることが必要です。

ところであなたはチラシの役割をどのように考えているでしょうか？

まずひとつは、新聞折り込みなどの広告の役割があります。私たちの代わりに、営業マンとなって消費者にスクールのことを伝えてくれます。

しかし、多くのスクールのチラシは、営業マンとしては力不足です。その理由は、これまで何度も述べてきたように、言いたいことしか書いていないからです。

消費者は、そのスクールがどれだけすばらしいかを知りたいのではなく、「自分に何をしてくれるのか」「子どもをどのようにしてくれるのか」が知りたいのです。それを書かないから反応率が悪いのです。

初めて会った人と会話をしていて、その人が、いかに自分はすごいかという自慢話ばかりしていたらどうでしょうか。きっと真剣には話を聞かないと思います。

チラシの役割は新聞折り込みの広告だけではありません。もっと多くの人にチラシを見てもらうためには、新聞折り込み以外の役割を与えてあげなければいけません。

私が考えるチラシの役割のひとつとして、人とのコミュニケーションのツールとしての役割があります。特に商圏範囲が狭い場合は、新聞折り込みよりポスティングや手渡しでのチラシ配りを重要視した方が良いでしょう。

またチラシを配る際には、1日に何枚のチラシを配ったかではなく、そのチラシをもとに何人と何分話ができたのかを重視するようにします。

この方法で、チラシによるスクール認知度は上がっていきます。

チラシですべてを伝え、商品を売り込もうとしてはいけません。チラシでは、まず見込み客を集めることに徹することです。繰り返しますが、これが「2ステップマーケティング」です。

たとえば、通信販売業界で昔から使われている方法に、「まずは無料サンプル・資料をどうぞ」という手法があります。これは興味のある見込み客を集めて、サンプルと一緒に詳しい資料を同封して説明する方法です。

スクール業界の場合は、同じように資料請求を促す方法で見込み客を集め、体験レッスンへの参加を促すことが可能です。このことが契約率を上げるのです。

3-4

ホームページ作成編

多くの人が誤解するホームページのあり方

「ホームページを作ってスクールの情報を載せているけど、アクセスが全然伸びない」

「せっかくホームページを作っても、生徒集客にあまり役立っていない」

こんな悩みを持つスクール経営者は多いのではないでしょうか。

インターネットが普及しはじめて、すでに10年以上経ちます。多くの人たちにとってインターネットは生活に欠かせないものとなっており、ビジネスツールとしても大きな役割を果たすようになってきました。

そのため大手スクールはもちろん、中小・個人経営のスクールもホームページを立ち上げ、安い宣伝広告ツールや情報発信ツールとして使われています。

しかし、現実はその目的どおりに機能しているホームページは少ないのではないでしょうか。

その理由のひとつとして考えられるのは、「ホームページさえ作れば、全世界に向けて情報を発信でき、宣伝効果が期待できる」といった、インターネットは万能という幻想を抱いていることです。

実は、私はホームページに対してはちょっとした不信感を持っており、ホームページ否定派でした。

ホームページは道端の隅に落ちている石ころのようなもので、誰かが目を凝らして、注意深く探さなければ見つからないものだと考えていたからです。

石ころがたとえダイヤの原石だったとしても、「僕はここだよ！」と言わなければ、誰も見つけられません。そのため、自社のサービスを宣伝するホームページを別の広告媒体で宣伝しなければいけないというのが現状です。このことが、私にとっては本当に馬鹿馬鹿しいことだと思えたのです。

私が否定的になったのには理由があります。それは会社を設立する数年前のことでした。役員をしていた大手英会話スクールで、ホームページ作成を業者に依頼したことがありました。作成費用が約３００万円、さらにランニングコストで、毎月25万円のメンテナンス、サーバー料がかかりました。

今考えてみれば、なんて無駄なことをしたのだろうと思いますが、当時はＳＥＯ対策の「Ｓ」の字すら知らない状態でしたので、業者の言いなりだったと思います。

それでは、その高額なホームページがどのような効果をもたらしてくれたでしょうか。

実際には、ほとんど効果がありませんでした。そのホームページは、生徒の出欠席をメールで連絡でき、会員専用のページやその当時ではめずらしいメールマガジン機能まで搭載した最高のホームページだったのですが、残念ながら、これといった効果を発揮しませんでした。

この痛い経験をしてからというもの、ホームページの必要性には疑心暗鬼になりました。そのため、新たに立ち上げた英会話スクールのホームページを作ることもなかったのです。

しかし私自身、コンサルタントとして独立したあとは、ホームページによってほとんどの集客を行っています。当初コンサルタントとしては無名だった私は、今多くの消費者が、ホームページで情報を得ているということを考え、ホームページなどによるオンラインでの集客にかけてみました。そしてインターネットでの集客方法により開業1年間で４３０以上のスクール運営の相談を受けることができました。

ちなみに、オーバーチュアの「キーワードアドバイスツール」（同サービスは平成19年6月で終了しています）で英会話スクールに関するキーワードの月間検索数を調べてみると次のとおりです（平成19年6月現在）。

「英会話」	14万3千件
「英語」	11万4千件
「英会話教室」	1万5千件
「英会話スクール」	1万4千件
「英語教室」	1万2千件
「子ども英会話」	1万件
「英会話学校」	8千件

月間でこれだけ多くの件数が検索されています。

実際に素人ながら自分のホームページを作成し、立ち上げてわかったこともあります。

それは、SEO対策をしっかりと行えば、ヤフー、グーグルなどの検索エンジンで、上位に表示され、ホームページ訪問者を増やすことが可能になる、ということです。

またオーバーチュアやアドワーズでの広告で、訪問者を誘導することも可能です。

やり方によっては大きな戦力になることは間違いありません。宣伝広告を安価にし、いろいろな人に見てもらえるのが、ホームページです。今では「やはりホームページは必要なものであり、戦力になる」と私は確信しています。

簡単！ホームページを作成してみよう

ホームページを作成する前に、覚えておいていただきたいことがあります。それは、どんなにデザインが優れているホームページでも、見た目のかっこよさだけでは集客や売り上げにはつながらない、ということです。

必要な情報がどこにあるかわかることが大事です。欲しい情報がすぐに見つからなければ、せっかくの見込み客がアクセスしてくれても、他のホームページに簡単に移動してしまいます。

そのためにも「どのようなホームページを作りたいのか」「どのような人に見てもらいたいのか」「見込み客が求めるものは何か」「作る目的は何か」など基本的な方向性を最初に決めておくことが必要です。

また、ホームページに関しても、先述した「イメージ広告」と「レスポンス広告」があります。「レスポンス広告」の代表的なものがセールスレター型になります。ちなみに、セールスレターの基本的な構成は次のとおりです。

- **▶ヘッドコピー**
- **▶ボディコピー**
  - **スプリットイン**
  - **メイントピック**
  - **第三者の声**
  - **商品写真**
  - **ベネフィット**
  - **特典**
  - **価格**
- **▶クローズコピー**
  - **リスク保証**
  - **申込方法**
- **▶署名**
- **▶追伸**

この構成が基本的なセールスレターの流れです。次にそれぞれの項目について、順を追って見ていきます。

▼ヘッドコピー

最も重要なパーツで、セールスレターの反応の50％以上が、このヘッドコピーに何を書くのかで決まってしまいます。

この箇所は、消費者が初めて見る部分なので、ここで興味をそそらなければ、そのまま立ち去られてしまいます。

▼ボディコピー

〈スプリットイン〉

ヘッドコピーの次に重要なパーツです。スプリットインとは、ヘッドコピーのあとの最初の5～10行程度の導入文のことで、いわゆる「つかみ」の部分です。

〈メイントピック〉

ボディコピーの中心になるのがメイントピックです。ここでのポイントは、感情を揺さぶる言葉を使うばかりでなく、「何を、どの順番で語るのか」です。消費者にわかりやすい順番で書いていくことが大切です。その際には、先ほどチラシ作成で説明した「ＡＩＤＭＡの法則」を用いると、反応率を高めます。

〈第三者の声〉

ホームページを作成している本人が、どれだけ商品やサービスのよいところを繰り返し強調しても、それは単なる売り込みにしかなりません。これに対し、第三者の声（お客さまの声）は、その商品やサービスがどれだけよいのかを証明してくれます。

ですから、できるだけ多くのお客さまの声を集めることが大切です。

〈商品写真〉

写真を一切使わずに、文字だけで説明をしようとしても、なかなか消費者に商品やサービスのイメージは伝わりません。

「百聞は一見にしかず」ではないですが、文字だけではなく写真をプラスすることにより、イメージをより強く伝えることができます。

〈ベネフィット〉

ベネフィットとは、商品やサービスを購入することにより得られるメリットのことです。

ここでのポイントは、「消費者の立場で考える」ことです。主語は「あなた」にします。ここで取り上げるメリットは最低でも7つ以上は欲しいところです。7つ以上あれば、消費者にこれだけ多くのメリットがあります、とアピールできるからです。

このベネフィットは、価格以上の価値を感じてもらうためには絶対不可欠なものです。そして必ず、価格提示の前に伝えるようにします。「この商品やサービスの価格は○○円です。購入後のメリットは……」というように、最初に価格を提示してしまうと、消費者は自分の財布の中身が気になって、「高い」と感じてしまう可能性があります。すると、その後のベネフィットを読まずに立ち去ってしまうことがあります。

逆にベネフィットを十分に伝えたあとで価格を提示すれば、「自分にとってどれだけ価値があるか」が消費者の購入基準になるため、その価値に対する価格で判断するようになります。

〔特典〕

特典を魅力的にみせることにより、消費者が感じる価値をさらに上げられます。

特典が得られる期間を限定することにより、本来は緊急性を感じにくい商品やサービスでも、すぐに買いたいという購買意欲を高めることができます。

〔価格〕

価格を提示するパーツですが、あなたのセールスレターが資料請求を目的にしていない限り、これは必ず記載しておかなくてはなりません。

▼クロージングコピー

〔リスク保証〕

クロージングのためのクロージングコピーは、ここでは購入決定の際に起きる心理的なリスクをなくすためにリスク保証をつけます。特にインターネットの世界では、実際に商品を見ることができないため、リスク保証は必要です。

▼署名

セールスレターは、あくまでも個人が個人に書いた手紙として考えるため、最後に署名を書きます。

▼追伸

追伸はヘッドコピー、スプリットインに続いて重要なパーツです。その理由は、目立つパーツで、しかも注文やお問い合わせのフォームの近くにあるからです。この追伸の役割は、最後に消費者の背中を押してあげることです。

これらはホームページだけではなく、チラシの作成にも活用できます。

なお、「ホームページを立ち上げただけで、問い合わせがたくさん来る」「売り上げが急激にアップする」などと過度な期待をせずに、じっくりと攻めていくことをお勧めします。あなたのスクールは今後長く続くわけですから、長期的な戦略のひとつとして捉えていくことが大切です。

まだスクールのホームページがない方は、ぜひ作ってみてください。市販のテンプレートを利用すれば、そんなに難しくありません。またホームページビルダーなどのホームページ作成ソフトがあれば、1週間で作成することも可能です。

検索エンジンで上位表示されるためのテクニック

アクセスアップを図るためには、検索エンジンへの登録が必要になります。後ほど、検索エンジンの上位表示のテクニックについては述べますが、ここではその前段階として、検索エンジンへの登録について触れておきます。

検索エンジンは、情報を集めるためにインターネット上を巡回していますが、できたばかりで、どこからもリンクされていないホームページの場合、巡回しようにも巡回できません。そのため、どんなに使いやすく、情報満載のホームページを作ったとしても、検索エンジンの検索結果には一切表示されません。これではせっかく見込み客が検索したとしても見つけてもらえません。

そこで「ここに私のホームページがあります」と検索エンジンに知らせる必要があります。検索エンジンの種類はたくさんありますが、登録設定は無料で行えますので、最低でも「ヤフー」「グーグル」「MSN」の3つには必ず登録しておきましょう。

▼1 検索エンジンに登録する

【ヤフージャパン】
http://submit.search.yahoo.co.jp/add/request
※利用するにはヤフーID（無料）登録が必要です。

【グーグル】
http://www.google.co.jp/addurl

【MSN】
http://search.msn.co.jp/docs/submit.aspx

【ヤフー　ビジネスエクスプレス】
http://bizx.yahoo.co.jp

さらにできればヤフーのカテゴリー登録もし

ておきましょう。ただし、営利目的のホームページの場合は、登録に申請費用（税込５万２５００円～）が発生します。しかもこれは登録の申し込みではなく、あくまでも審査の申し込みで、審査が通らないこともあります（再審査はあります）。

【クロスレコメンド】

http://www.xlisting.co.jp/registration/

エキサイト、ｇｏｏ、ビッグローブ、アットニフティなど、ヤフー以外のポータルサイトにもカテゴリーで検索するサービスがありますが、これらはクロスレコメンドというサービスで一括して有料審査（税込４万２０００円～）が受けられます。

さて、ここからは、私が実際に行ったホームページのＳＥＯ対策についてお話していきます。

前提として、まずはＳＥＯ対策とは何かについて簡単に説明します。

ＳＥＯ（Seatch Engine Optimization）対策とは、検索サイトでの検索結果の上位に自分のホームページが表示されるように工夫すること、またはそのための技術のことで、「検索エンジン最適化」などとも呼ばれています。

検索エンジンは登録されているホームページをキーワードに応じて表示しますが、その際の表示順位はそれぞれのサーチエンジンが独自の方式に則って決定しています。

表示順位が上にある方が検索エンジン利用者の目につきやすく、訪問者も増えるため、企業などでは検索順位を上げるためにさまざまな試みがなされています。

ＳＥＯ対策は業者に頼めば20～30万円ほど費用がかかることもあり、ＳＥＯ対策関連の情報商材がたくさん出ています。お金に余裕があれば、業者に依頼したり商材を購入してもいいでしょう。

次に私が行ったＳＥＯ対策について述べます。ホームページの知識がある人はこの対策でヤフー、グーグルなどの上位表示が可能になります。もしそれ以上の上位表示を望む場合は、業者などに依頼してみてはいかかでしょうか。

注意するのはサーチエンジンも常に進化していることです。順位を見ながらのフォローも大切です。

▼2 メタタグは2種類用意して ページごとに異なったものを用意する

メタタグはブラウザの画面には直接表れず、YST（ヤフーが自社開発した検索技術）などのロボット検索エンジンだけが認識してくれるホームページの隠し文字のような部分ですが、これがロボット検索エンジンに対してあなたのページをアピールします。次のようなメタタグをHTMLに入れます。

〈META name="keywords" content=検索ワード,検索ワード,〉

〈META name="description" content=あなたのページの説明文〉

このように、メタタグには「META name="keywords"」というメタキーワードと「META name="description"」というメタディスクリプションがあります。

Keywordsには、そのページのキーワードを複数入れるようになっています。また、descriptionには、そのページの要約文を入れます。

グーグルはメタタグをあまり信用しない設定になっており、メタキーワードは無視してメタディスクリプションだけを見るようになっています。

これに対し、YSTはその両方を見ます。さらにヤフーのサイト関連の技術情報ページには、「ページごとに異なったメタタグを記述すべき」「真実を書くこと」という決まり事があります。

ここで注意しなければいけないことがあります。

ページ本文中に載っていない言葉ばかりをメ

タグに書きすぎると、検索順位が下がる可能性があることです。また、メタキーワードは多くても20個以下、メタディスクリプションは多くても50文字以下にします。あまり多く書きすぎると、ペナルティーで検索順位が下がるので気をつけてください。

▼3 ページの第1行目、第2行目の上部にキーワードを入れる

YSTが最も重要視する部分が、一番上の部分、第1行目、第2行目の上位の部分です。この部分にキーワードを意識的に入れるようにしてください。文章の最初に入れると効果があります。これは、トップページだけではなく、すべてのページに入れてください。

また、キーワードはできるだけ大きな文字にしてください。最も大きな文字で書いてあると、ロボット検索エンジンが「そのページの要旨である」と認識してくれるからです。

ただし、ここでも注意しなければいけないことがあります。それは、〈h1〉タグは複数使わないようにすることです。〈h2〉タグや〈h3〉タグの複数使用は問題ありませんが、〈h1〉タグの複数使用は、ペナルティーの対象になるからです。また、〈h1〉から〈h2〉、〈h3〉と順序よく使うようにしてください。これができていないホームページが多いようです。

▼4 大見出し・中見出し・小見出しにキーワードを入れる

YST対策として、ページ内やホームページ全体にキーワードが多ければ多いほど上位に表示されやすくなります。しかし入れすぎると、非常に見にくいページになってしまいます。

ポイントは、大見出し・中見出し・小見出しにキーワードを入れることです。ページ構成を、大見出し・中見出し・小見出し・文章・中見出し・小見出し・文章という形にして、そこに何種類か重要なキーワードを散りばめます。こうすれば、キーワードをたくさん書けますし、見

づらさも軽減できます。

グーグルSEO対策上では見出しにキーワードを入れることは非常に有効です。グーグルのロボット検索エンジンでは、「見出しに含まれたワードは重要である」と認識してくれるので、見出しには必ずキーワードを散りばめるようにしてください。ただし、この点はYSTではまだ確認されていないようです。

▼5　全ページにビックワードを入れる

サイト全体に第一目標のキーワードを入れてください。たとえば、英会話スクールであれば、「英会話」「英会話スクール」「英会話教室」「英会話学校」「英語」「英語教室」など一番上位に検索表示して欲しい　キーワードを第一目標においてください。

こうすれば、YSTは、「あなたのサイトは、この第一目標キーワードについてのサイトなのだ」と認識してくれ、その結果として上位に表示されるようになります。

▼6　キーワード出現頻度を5％にする

「5％前後にした方がよい」というのはあくまで目安です。「5％にしたから上位表示される」という保証はありません。しかし、ライバル関係にあるホームページがあった場合、そのホームページよりも多くキーワードを表示させることは必要です。その際にキーワード出現頻度解析を使うといいでしょう。

▼7　タグを確認する

【SEO検索エンジン最適化】
http://www.searchengineoptimization.jp/tools/html_tag_checker.html

このホームページで、あなたのホームページのタグを確認することができます。

また、先述した〈h1〉から〈h2〉、〈h3〉の順序やキーワード出現頻度解析も見ることができます。

▼8 外部リンクを増やす

グーグルで上位表示を目指すのであれば、外部リンクを増やすことが重要です。しかし、外部リンクを増やすといっても、単にリンクをしてくれる人を増やせばいいというわけではなく、意味のあるリンクにしなければ効果はありません。

そのためには、次の3つのことを理解しておく必要があります。

1 アンカーテキストのリンク
2 ページランクの高いサイトとのリンク
3 類似性のあるサイトとのリンク

【アンカーテキストのリンク】

アンカーテキストのリンクとは、リンクをしてもらうときに、キーワードを含む紹介文でリンクしてもらうことです。たとえば、キーワードが「英会話スクール」なら「○○英会話スクール」というようにリンクを張ってもらいます。

この場合、次のようにしてリンクしてもらいます。

〈a href="サイトURL"〉英会話スクールなら○○英会話スクール〈/a〉

キーワードがリンクテキストに入っていることで、リンク先にもそのキーワードの情報があることを検索エンジンに認識してもらえます。

【ページランクの高いサイトとのリンク】

次にページランクが高いサイトにリンクを頼みましょう。

ページランクとは、グーグルが提供している「グーグルツールバー」をインストールすることで利用できます。

グーグルツールバーのダウンロード先
http://toolbar.google.com/intl/ja/index_ie.php

ページランクの高いサイトは、重要性が高いと検索エンジンが認識しているので、ページランクの高いサイトに貼ってあるリンク先も重要であると認識します。つまりページランクの高いページから多くリンクされていると、リンク先のホームページも重要なページであると認識され、上位表示されるようになるということです。

【類似性のあるサイトとのリンク】

類似性のあるサイトからリンクしてもらえると、相手先のページから興味のある消費者がアクセスする可能性が高くなります。

以上のことを行うだけで、検索エンジンの上位表示が可能となります。

ちなみに、現在キーワードが検索エンジンで何位に表示されているかは、次のサイトで調べることができます。

▼9 表示位置をチェックする

【検索キーワードチェックツール】

http://www.seoseo.net/keyword_point/index.html

このホームページを使えば、自分のホームページがどこに表示されているか確認するために、時間をかけなくてもすみます。

ターゲットを絞り込んだPPC広告の攻略法

ＰＰＣ広告とは、クリック課金を利用した広告です。ＰＰＣとは「Pay Per Click」の略です。たとえばヤフーでキーワードを入力して検索すると、検索結果とともに「スポンサーサイト」が表示されます。このスポンサーサイトに名前を出し、検索者にそれがクリックされるごとに、広告の依頼主に広告費が課金されます。これがＰＰＣ広告です。

たとえば、グーグルの検索欄に広告を出す場合は「アドワーズ広告」、ヤフーの検索欄であれば「オーバーチュア」への登録が必要になります。

ＰＰＣ広告を利用する際には、最初にキーワードを設定します。そして、設定したキーワードの入札価格を設定します。１クリックで７〜９円からです。キーワードが競合する場合には、オークションによって入札価格が決まります。高い入札価格を設定した人ほど、上位に表示されます。

キーワードごとに課金される金額が変わってくるので、キーワード選びと入札価格の設定がポイントになります。また、当然のことながら、ホームページの紹介文も重要です。

▼キーワードを選ぶ

ＰＰＣ広告でキーワードを選ぶ際の注意は、ひとつのキーワードで入札せずに、複数のキーワードを組み合わせます。

たとえば、「英会話」というキーワードを入札したとします。「英会話」の検索件数は多いのですが、その分利用するライバルも多いため、入札価格が高くなり、数百円を越えることもあります。

１クリックが数百円では、費用対効果がよくありません。また、あなたのスクールの地域外の人がクリックする可能性もありますが、クリックされても意味がありません。

そのため、ふたつのキーワードを組み合わせて利用するようにしましょう。たとえば、「英会話」だけではなく「英会話　東京」や「英会話　大阪」などにすると入札価格も低くなり問い合わせ率も上がってきます。

キーワードを組み合わせると検索回数が下がり、クリック数が減るのではないかと疑問に思うかもしれませんが、その場合には、たとえば「英会話教室　東京」「英会話スクール　東京」「英語教室　東京」など、3つ、4つの言葉を組み合わせたキーワードを何百個と入札します。

ひとつの組み合わせでは、1週間に1回しかクリックされない場合でも、それが数百あれば1日のクリック数は増えるのです。

アクセス数の多いキーワードひとつから10 0クリックされるより、アクセス数の少ないキーワード100個から100クリックされるほうが、問い合わせ率は確実に上がっていきます。

▼入札価格を決める

入札価格を高く設定すればするほど広告は上位に表示されますが、PPC広告では必ずしも上位表示される必要はありません。上位表示されたからといって、確実にクリック数が増え、問い合わせ率が上がるわけでありません。

大体上位3番目を目安に価格設定をすれば十分です。3番目に表示されていれば、紹介文によっては1位表示の広告よりクリック数を増やすことも可能だからです。

くれぐれも無理して高いキーワードを入札してしまわないようにしましょう。

▼ホームページの紹介文を書く

ホームページの紹介文は、販売している商品に興味を持つ人にクリックしてもらえるようにしましょう。初心者は、つい多くの人にクリックしてもらおうとしますが、意味のないクリックを増やしたら、広告費がかさむだけです。

対象を絞っているにもかかわらずクリックし

てくる人は、商品にかなりの興味がある人ですから、自ずと成約率は上がってきます。

PPC広告では、いかにクリック数を増やすかではなく、興味のある人だけにいかにクリックさせるかがポイントです。


【Jword】


PPC広告やSEO対策をせずに、ヤフーの検索で上位表示させる方法があります。この方法を使うとヤフーだけではなく、グーグルでもトップページに表示されます。

それが「Jword」というキーワードを独占できる広告です。

http://www.jword.jp/regist

年間契約で税込6万3000円からで、ブランディングや認知度アップに効果があります。

無料でできるホームページへの集客方法

先に検索エンジンの登録に続き、ホームページの集客を無料でする方法を紹介します。

▼相互リンクをする

SEO対策について述べた際に外部リンクについて述べましたが、取引のある会社などと相互リンクし、紹介しあうことでアクセスアップにつながります。

相互リンクは無料ですので、なるべく多くの会社やスクールなどへ相互リンクを依頼し、アクセスアップに努めましょう。

▼検索エンジン用のサイトマップを作成する

ここでは、もう少し確実に検索エンジンにキャッチされるようにする方法についてお話します。

ホームページを作っていくと、徐々に情報が追加されページ数が増えていきます。しかし検索エンジンはすべてのページを検索対象としないことがあります。ページ数が増えることにより、いろいろなキーワードで検索表示されるようになり、アクセス数も増えますが、そのためには全ページを検索エンジンに把握してもらう必要があります。

全ページを検索エンジンに把握させるためには、検索エンジン用のサイトマップを作成し、登録しておきます。

【ヤフーにサイトマップを登録する】

ヤフーのサイトマップは、英語版ヤフーの登録ページを利用します。ヤフーアカウントが必要になりますが無料で取得することができます。

http://siteexplorer.search.yahoo.com

【グーグルにサイトマップを登録する】

グーグルのサイトマップ登録もグーグルアカウントが必要になりますが、無料で取得できます。

http://www.google.co.jp/webmasters

▼サテライトサイトを作成する

メインのホームページ以外に、関連のあるホームページを作成し、メインのホームページへの入口を増やせば、アクセスは増えます。特にブログを作成し、そこにメインのホームページへの入口を設けると有効です。

▼ランキングに参加する

ランキングは、自分のホームページにランキングバナーを設置し、消費者がそれをクリックすることによってランキング順位が変わっていく仕組みです。

しかしランキングは、多くのサイトを登録するとクリックが分散して集客効果が落ちるので、登録するサイトはひとつかふたつにしておきましょう。

ホームページの訪問者を分析しよう

ＳＥＯ対策による検索エンジンでの上位表示は、あくまでも手段であって目的ではありません。たとえ検索エンジンで上位表示されても、問い合わせや集客という目的に結びつかなければ意味がありません。

そのためにも、まずアクセス解析によって、ホームページにアクセスした人を誘導できているかどうかのチェックをします。

たとえば、トップページから体験レッスン申し込みのページに流れていない場合、トップページの改善が必要になりますし、もし体験レッスン申し込みのページに人が流れても、申し込みがなければ、申し込みページの改善が必要になります。

アクセス解析で分析をせずに、問い合わせがないからといってむやみにページを改善しても、何が悪かったのかがわからないままなので、効果は期待できません。必ずアクセス解析は行うようにしてください。

▼キーワードをチェックする

どんなキーワードで検索してホームページに辿り着いたのかをチェックします。こちらが考えもしなかったキーワードでホームページに辿り着く人もいるので、そのキーワードでもＳＥＯをかければ、さらなるアクセスアップにつながります。

たとえば、英会話スクールのホームページであれば、「英会話」「英語」「英会話スクール」「英会話教室」などが通常の検索キーワードとして考えられますが、なかには「外国人講師」「口コミ」「英会話　評判」などの想定していなかったキーワードで辿り着くこともあります。これらをアクセス解析機能にある『検索キーワード』でチェックをしていきます。アクセス解析には、どういったキーワードでホームページに辿り着いたのか調べる機能があります。

同時に、こちらの考えているキーワードできちんと集客できているかもチェックします。SEOをかけていても、こちらが設定したキーワードでのアクセスがなければ、キーワードの変更が必要になります。

▼どこから人が流れてきたのかチェックする

ホームページに来る前に、どのサイトにいたのかチェックします。たとえば、英会話スクールの口コミサイトにリンクを貼っておき、そこから自スクールのホームページに来たのかを、アクセス解析機能にある『リンク元チェック』でチェックします。アクセス解析にはリンク元URLを調べる機能があります。

いろいろなサイトにリンクを張っていくと、どこのサイトからのアクセスが多いかがわかるので、そのサイトがどうやって人を流してくれているのかチェックし研究します。

▼成約率をチェックする

アクセス解析をつけることにより、アクセス数がわかります。チラシや雑誌広告などでは、その反応率を厳密に調べるにはかなり手間がかかりますが、ホームページでは、アクセス解析を導入するだけでわかるようになります。ちなみにユニークアクセス数は、実際に何人の人がサイトを訪問したかを示す数字です。

そこで、何件の訪問者があり、体験レッスンが何件申し込まれるのかをチェックします。

大体この程度をチェックしていればいいでしょう。これらのことを考えて、ホームページの最大の目的である「体験レッスン申し込み」または「問い合わせ」につながるようにします。

参考として、無料で導入できるアクセス解析をご紹介します。

【ＦＣ２】
http://analyzer.fc2.com/

リンク元や地域など、一般的なアクセス解析ができます。広告が表示されますが、非常に小さくて、しばらくすると消えてしまうので気になりません。

【インフォシーク】
http://analyze.www.infoseek.co.jp

検索エンジンサービス「インフォシーク」が提供しているアクセス解析です。過去4ヵ月間のデータのみ保持し、それ以降は削除されてしまいます。

【アクセスアナライザー】
http://ax.xrea.com

広告が目立たないことが特徴ですが、導入が少しわかりづらいかもしれません。生ログは10分間しか残りません。生ログとは、分析の対象となるデータそのものです。

【忍者TOOLS】
http://www.shinobi.jp

管理画面のデザインがしっかりしています。この業者は他にもいろいろなサービスを提供しており、実績もあります。無料では珍しく「ページ移動」を見ることができます。

【ARC WEB】
http://www.ziyu.net/log.htm

実績があり有名ですが、かなり大きな広告が入ってきます。データは120日まで保存されます。

【グーグル アナリティクス】
http://www.google.com/analytics/ja-JP

審査があるようで、すぐには導入できません。しかしGoogleが提供しているだけに、高機能です。グラフ表示などが見やすいです。Googleアドワーズ広告の効果測定ツールが充実しています。

3-5

口コミ編

知っているようで知らない口コミ

「口コミ」は、最も費用がかからず、しかも効果が高い宣伝方法です。

そして多くの経営者は、この口コミを発生させるためにいろいろな努力、工夫を日々行っています。口コミに頼る集客が重視されるのは、今の宣伝広告の現状と係わっています。

近年、多くの消費者は、広告では心を動かさなくなってきました。

▼テレビをつければ「CM！ CM！」

▼雑誌を見ても「広告！ 広告！」

▼ネットをみても「宣伝！ 宣伝！」

こんな広告の洪水のなかにあって、消費者は広告慣れしてしまいました。

また、「広告は面白ければいい」「楽しければいい」という風になってきました。

そのため、広告はあくまでも情報収集の方法のひとつとして考えられるようになり、購買決定を促す役割を果たさなくなってきました。そこで、注目されているのが、口コミなのです。

では、そもそも口コミとは何でしょうか。

口コミの効果については多くの方がご存知なのですが、それ以上のことは知らない方がほとんどだと思います。

簡単にいえば口コミとは、人が利害関係なく自発的に特定の事柄を「話題」にすることです。

人がなぜ口コミをするのかというと、それは「自分にとってよい話」「自分が驚いた話」

「ちょっと自慢したくなる話」などを伝えることで、相手の驚く顔や喜ぶ顔が見たいからです。

この点を理解すれば、口コミをこちらから意図的に発生させることができるようになります。

アメリカでは、口コミの発生を意図的に行う宣伝方法に「ステルス（隠密）広告」がありますが、これについては、後で詳しくお話しします。

では『口コミ』を発生させるためにはどうすればいいのでしょうか。まずは、あなたのスクールが生徒に対して次のような話を提供しているかどうかを考えてみてください。


【生徒が感じる】

「自分にとってよい話」

「自分が驚いた話」

「ちょっと自慢したくなる話」


「（生徒が感じる）自分にとってよい話」とは、たとえば子ども英会話スクールであれば、生徒ではありませんが、自分の子どもがいつも楽しく通っていることは母親にとっては、よい話になります。「驚いた話」とは、子どもが日本語もままならない状態で、1ヵ月くらいしかスクールに通っていないのに、英語の歌を歌いながら踊って驚いた、といった話です。そうすれば、他の母親にもちょっと自慢（ちょっと自慢したくなる話）をしたくなります。こうしたことの積み重ねが大切です。

もし、上のような話を提供していなければ、すぐに実行するようにしてください。

しかし、それだけでは、まだ「口コミ＝友人紹介」にはつながりません。

ここでもう一工夫しないと、生徒やその友人が「スクールに来る」「問い合わせをする」という行動をおこしません。その一工夫とは、まず「期待」以上のサービスを提供することです。このことが、生徒やその友人の行動を喚起します。

このようにいっても、漠然としてわかりづらいと思いますので、簡単な例で示します。

今あなたが高級レストランに行ったとします。そこでトイレに入ります。

あなたはそのトイレをどのように想像しますか？　「すごくデザインが洗練されたトイレかもしれない」「大理石を使ったトイレかもしれない」「すごく広い見たこともないトイレかもしれない」などといろいろと想像するはずです。

次にファミリーレストランに行った場合を考えてみましょう。ファミリーレストランのトイレはどうでしょうか？　ほとんどの方は、「普通にあるごく一般的なトイレ」を想像するはずです。

これらが「期待」というものです。そして、人はその期待以上のものを見たときに「驚き」や「感動」を味わいます。

高級レストランのトイレであれば、きれいで広いことを「期待」します。

そのため、いくらデザインがすばらしく広いスペースであっても、それを当たり前のこととして受け止めます。しかし、それがファミリーレストランであれば「驚き」ます。このように、「期待」以上のサービスを行ったときに人は「驚き」、そのことを他の人に話しはじめるようになるのです。

私はこの点を重視し、大手スクールにはあるものの、実際にはほとんど機能していないサービスを提供しました。

それは「お客さま相談センター」を設置することでした。このサービスは、本来は「待ち」のサービスですが、私はそれを攻めのサービスとして徹底的に行いました。

こちらから定期的に生徒に連絡を入れ、スクールに関すること、レッスン、講師に関することをスクール側からではなく、中立な立場で聞くことを徹底したのです。その際には、英語学習以外の話、たとえば育児に関することなどにもできる限り答えるようにしました。

生徒はこうしたサービスを受けられるとは「期待」していませんでしたので、これを行うことにより「驚き」の感情を抱きました。

私の英会話スクールに対する期待よりも、実際のサービスが勝ったわけです。これにより、生徒が私のスクールのことを他の人に話しはじめるようになったのです。こうして私は口コミを発生させることに成功しました。

とはいえ、これだけでは体験レッスンや入会にはすぐにはつながりません。

私のスクールの話を聞いても、「ふ～ん、そうなんだ」とか「いいよね。その教室！」で終わってしまっては、最終目的である生徒増加にはつながりません。

そのためには、次に生徒やその友人が行動を起こすための「きっかけ」を作らなくてはなりません。

口コミにプラスアルファすることで募集効果さらにアップする

『きっかけ』作りは、大手英会話スクールを始め、多くの英会話スクールが行っています。

その典型的な例がキャンペーンやイベントです。参考として、私が考えた年間キャンペーンスケジュールを紹介します。

固定と追加の2種類を書きましたが、ご覧のとおり1月～12月まで毎月キャンペーンを行っています。固定のキャンペーンがない場合は、追加でキャンペーンを行います。

これをご覧になれば、私がいつも「きっかけ」作りをしていたことがおわかりいただけると思います。

その理由について、ある会社の営業方法を例に説明します。それは、あなたもよくご存知の、テレビCMでよく見かける某人材派遣会社の営業方法です。

その会社の営業方法は、まず訪問した会社に

月	固定スケジュール	追加スケジュール
1月	新年	
	新学期	
2月	バレンタイン	
3月	新入学・卒業	
4月	新学期	
	イースター	
5月		友達紹介
6月		兄弟入会
7月	夏休み	
8月		友達紹介
9月	新学期	
10月	ハロウィン	
11月		兄弟入会
12月	クリスマス	

は必ず担当者が誰なのかを確認し、たとえ直接会えない場合でも受付の人に名刺を渡していきます。その際には、パンフレットやニュースレターもあわせて渡します。

ここでのポイントは、担当者に会えなくても、名刺に担当者宛で「○○様　寒くなりましたのでお身体にはお気をつけください」など簡単なメッセージを書き、それを受付の人に渡し、その名刺が担当者に渡るようにしているところです。

その後、何度か訪問を繰り返したあとに電話で連絡します。

こうすることによって、担当者に面談できなくても、担当者に会社名や自分の名前を印象づけることができます。

これが某人材派遣会社の営業方法です。

なぜ、この人材派遣会社はこうした営業方法を取っているのでしょうか？　実は、会社の人材不足は常に起きているわけではありません。

社員が十分いるときに、「人材派遣会社です。すばらしいスタッフを派遣しますよ」と言われても、担当者は反応しようとしません。

しかし社員の退職は、突然起こることがあります。そのときに、担当者に「そういえば、人材派遣会社の名刺があったなぁ」と思い出してもらい、連絡が来ることを狙っているのです。

接触頻度を増やすことにより、担当者の記憶に残り、いざ人材が必要になったときにすぐに思い出してもらえる、というわけです。

人材不足はいつ起こるかわかりません。そのタイミングを逃してしまえば、また何時来るかわからないチャンスを待たなければいけません。

そのため、この人材派遣会社は常に訪問、電話連絡を行って、接触頻度を増やし、タイミングを逸しないようにしているわけです。

同じように、英会話スクールに入会する気持ちはいつ起きるか分かりません。そのタイミングを逃さないためにも、こちらから接触頻度を増やしておく必要があるのです。

アメリカの口コミ「ステルス広告」とは

ここで、先に少し触れた『ステルス（隠密）広告』という口コミ方法について説明します。

まずは、次のシーンをご覧ください。

ニューヨーク・マンハッタンの若者たちが集まる最先端のクラブ。髪の長い女性が1人、カクテルを飲んでいます。

「きれいな髪ね。どうやって手入れしているの？」。隣に居合わせた別の女性がそう話しかけると、彼女はこう言いました。

「実は最近、スウェーデンに遊びに行ったんだけど……そこですごくいいトリートメントを見つけたのよ」

「へぇー、そうなんだ。私も今度使ってみようかなぁ……お店と商品名を教えてくれる？」

実は、これは企業が巧みに演出した「宣伝」なのです。

髪の長い女性は、広告代理店が欧州メーカーのシャンプーやトリートメントを広めるために雇った女優なのです。

ここで不特定多数の消費者に商品の良さをアピールしているわけです。

こうした広告方法が、今アメリカで広がっている『ステルス広告』です。ちなみに、ステルスとは、「姿が見えないステルス戦闘機のような」という意味だそうです。

この方法を考え出した人は、「テレビCMなどは宣伝と分かっているので消費者はしらけてしまう。口コミで自然と広がっていく方が強い」と言います。ただこの方法は、役者を使っての広告だと消費者が気づいたときには「だまされた」という反感を買う恐れがあり、逆効果にもなりかねません。

しかし、この両刃の剣をうまく使うことができれば、口コミは加速度的に広がります。

日本のメーカーもこの方法でアメリカ国内に口コミを発生させようと試みているようです。

たとえば、こんな具合です。

日本人カップルの観光客が、カメラを持って2人の写真を撮ってくれる人を探しています。

そこで、ちょうど通りかかったある男性に「このカメラで写真を撮ってもらえますか？ただ押すだけなの……」と言って、カメラを渡します。

その瞬間に、カメラを渡された男性は、こう反応します。

「なんて、小さくて軽いんだ！」

「なんて、簡単にしかもぶれずに撮れるんだろう……」

「いいカメラだなぁ。今度見に行ってみよう」

となるわけです。

もちろん、観光客役の日本人カップルは役者です。こうした方法が、今アメリカで広がっているようです。

口コミに欠かせない「情報量の決定の法則」とは

口コミは効果的な集客方法です。しかし、だからといって、広告宣伝活動を全くせず、口コミに頼り切った集客体制で良いということではありません。

確かに口コミは重要ですが、それはあくまで広告宣伝活動のなかの「ひとつの方法」にすぎません。

ですから、口コミを広告宣伝活動の柱にしたとしても、他方では費用をかけて、積極的にチラシや広告などの広告宣伝活動をしなければいけません。しかも継続的に、頻繁に行うことが大切です。

これが口コミの発生を増やすコツのひとつでもあるのです。なぜでしょうか。

その答えは簡単です。

生徒がスクールを紹介する際に「誰も知らないスクール」と「よく広告などで見かけるスクール」では、後者のほうがススメやすいからです。紹介される側も、後者のスクールの方が行きやすいものです。

友人から紹介を受けたとしても、全く知らないスクールだと、行くのにかなり勇気がいります。ここに「情報量の決定の法則」が関係してきます。

ここで簡単に「情報量の決定の法則」について触れておきます。

マーケティングには、いろいろな法則がありますが、「情報量による決定の法則」はそのなかのひとつです。

内容はいたって簡単です。人は、情報が多ければ多いほど意思決定がしやすい、親近感を持ちやすい、ということです。

英会話スクールでいえば、大手英会話スクールの集客力が高いのは、消費者が個人英会話スクールの情報よりも、大手英会話スクールの情報量をより多く持っているからです。大手の場合、他のエリアで同じスクールを見たことがある、あちこちで看板を見たことがある、広告をよく目にするなど、個人英会話スクールよりも多くの情報を発していますが、このことが集客力につながっているのです。

また、大手は教室の絶対数が多いので、当然消費者との接点が増え、消費者に伝わる情報も多くなります。

たとえ、レッスンや接客がそれほど良くなくても、「情報が多い＝安心」と脳が勝手に思い込み、消費者は信頼します。

レッスン内容がよい個人英会話スクールが必ずしも儲からない理由はここにあります。商品力が高くても情報戦争に負けてしまうと、競争には勝てないのです。

情報量と安心感は比例し、安心感と集客力も比例します。だから、より多くの情報を消費者に伝える企業は集客力も高くなります。

内容も重要ですが、絶対量も重要なのです。このことは、英会話業界のみならず、飲食業界等、他の業界にもいえることです。

たとえば、飲食店の場合であれば、次のような会話や思考が行われます。

「ご飯一緒に食べに行こうよ」

↓

「そうだね。どこに行こう？」

↓

「どこがいいかなあ」

↓

「そう言えば、○○ってお店、CMもやっているし、友達も行ったことあるっていってたし、○○はどう？」

↓

「じゃあ、○○に行ってみよう」

これと同様に、英会話スクールの場合では次のようになります。

「英語習ってみようかなぁ」
　　↓
「そうだ、体験レッスン受けてみよう！」
　　↓
「じゃあ、どこの英会話スクールの体験レッスンを受けようかなぁ」
　　↓
「そう言えば、○○英会話スクールは、CMもやっているし、友達も通っているよ」
　　↓
「それじゃあ、○○英会話スクールに行ってみようかな」

あくまで一例ですが、このような具合になるのではないでしょうか。

情報量が少ないというのは、消費者が近づきにくくなる一種の壁を作っているようなものです。

そのため、普段から広告を頻繁に行い、少なからずそのスクールを認知している状態にしておくことが必要なのです。

よく認知されていれば、友人から「○○スクールはお勧めだよ！」と言われたときに、その一言がきっかけでスクールに行ってみようという気になるものです。

スクールの規模や立地条件にもよりますが、一般的には「口コミ」による生徒入会者と「その他広告」での生徒入会者の割合が半々くらいの割合が理想とされています。

このバランスを考え、または意識しながら広告宣伝活動を実行してみてはいかがでしょうか。

口コミが発生しないワケ

先述したように、スクール経営者の多くが、口コミで生徒募集を行っています。

それでは口コミによる生徒募集を行っているスクールは、みな成功しているのでしょうか？

もちろん成功しているスクールもあるでしょう。しかし多くのスクールは、口コミによる生徒募集で充分な成果をあげているとはいえません。

それはなぜでしょうか。

このことに関して、私はあるスクール経営者と、こんな話をしたことがあります。

経営者　「ウチの教室は全然口コミ紹介がなくて困っているんです」

私　「そうですか。退会者はどうですか？」

経営者　「退会者は非常に少ないです。今通っている生徒にも評判が良くて、みんな満足しているって言ってくれるんですよ」

私　「退会者が少ないというのは、すばらしいですね。きっと充実したレッスンをされているんでしょうね。ところで『口コミの仕掛け』として何かされていますか？」

経営者　「はい、何度かはやっているんですが、それでも結果が出ません」

どうでしょうか。同じような状況のスクールも多いのではないでしょうか。

レッスンの質もよく、現在通っている生徒の評判もよく、退会者も少ない。

口コミに関して、何も行動していないわけではなく、何度か『口コミの仕掛け』も行っている。

それでも口コミによる紹介が全くなく、生徒数が微減している。

こんなスクールは決して少なくありません。

どうしてこうなるのでしょうか。

先の会話の続きをご覧ください。

経営者「でも、これだけ生徒も満足していれば、友達にこのスクールのことを話したりすると思うんですが。ウチの生徒たちは恥ずかしがり屋なんですかね？」

私「いえ、違いますよ。今の生徒さんのその満足度が、口コミ紹介を妨げている可能性がありますね」

経営者「えっ!?　それは、どういうことですか？生徒の満足度が紹介を妨げているって？」

意外に思うかもしれませんが、実際にこういったケースは起きうることなのです。

もちろん生徒が教室やレッスン、さらに講師に対して満足していなければ、他の人にそのスクールを勧めたりはしません。

しかし、一口に満足といっても、それにはいろいろなものがあります。問題は、スクールのどういった点に満足しているかということです。

このスクールの場合、その答えは、実は教室のクラス編成にありました。

そこでまずは、このスクールの状況をお話しておきます。このスクールでは、本来は一クラス6名ほどの生徒によるグループレッスンを行います。

そのため授業料もグループレッスンの金額設定で割安になっています。

しかし、この数年は生徒募集がうまくいかず、一クラスの生徒の人数が、1、2名になっていました。これでは、グループレッスンという名のプライベートレッスンで、そんなクラスがたくさんあったのです。このままではスクール経営が危うくなってきます。何とか生徒を確保しなければと、私に相談されたのでした。

話を戻しましょう。生徒の満足度が紹介を妨げていたのは、この1、2名そこそこのクラス編成が原因でした。

本来はグループレッスンのはずが、実質的にはプライベートレッスンになっていたわけですが、これにより、生徒は割安の金額で質の良いレッスンを独り占めできたのです。多くの生徒たちは、この点に満足していたのです。これでは口コミが発生するはずがありません。『口コミの仕掛け』を行っても、効果がないのは当然でした。

「えっ?」と思われるかもしれませんが、こういったことは実際によくあることなのです。

こうした状況になっていると、口コミ紹介以外で何とか新しい生徒を入れたとしても、今度は今いる生徒から不満の声が出て、最悪の場合は、退会してしまいます。

こうなる前に対策を打っておかなければ、後で取り返しのつかないことにもなりかねません。その対策は、そういったクラスに新しい生徒を早めに入会させることですが、それができない場合は、やはりクラス編成をしていくしかありません。しかし編成も強引に行ってしまうと退会につながってしまいます。

クラス編成に関する詳しい内容は第4章でお伝えしますが、たとえば次の新学期を迎える際にクラスのレベル調整をするなどの理由でクラスを編成しなおせば、無理なく自然に行えます。

そこで、ゲームや会話などで盛り上がるといったグループレッスンのよさを話していきます。また、クラス編成を理由に、友達紹介を促す方法もあります。「このままでは、クラスの移動が必要になりますが、もしお友達が一緒に入会されれば、このままクラスの移動がなくてすむのですが……」などと話します。

いずれにしても、早め早めに対応することが大切です。そのためには、常にクラスの状況を把握しておく必要があります。

広告媒体編

誰もが勘違いしている広告媒体選び

スクール運営において、生徒集めのための宣伝広告活動はとても重要なものです。

スクールの宣伝広告としては、チラシ、フリーペーパーへの広告掲載、生徒からの口コミ紹介などいろいろな方法が考えられますが、それらを書き出すと次のようになります。

▼口コミ紹介
▼看板やカッティングシートによる外観
▼新聞折り込み
▼ポスティング
▼チラシの手配り
▼掲示板
▼おケイコ専門雑誌掲載
▼タウン誌・フリーペーパー掲載
▼タウンページ
▼新聞広告
▼テレビCM
▼ラジオCM
▼ホームページ
▼ネット広告
▼メルマガ広告
▼DM

ざっと簡単に書き出しても、これだけの宣伝広告方法があります。しかしこれらの方法は、すべてのスクールに当てはまるわけではありません。

特に教室の商圏範囲（生徒が通えることのできる範囲）によって、効果の高いものもあれば、あまり効果のないものもあります。

開講できる曜日や講座の数やレッスン時間、さらに宣伝広告費にかけることのできる費用も考慮して、最適な方法を選択していく必要があります。

私が経営していた英会話スクールは、教室数が百や千もあるわけではなく、もちろん全国展開をしているわけでもなかったので、テレビCMやラジオCMによる宣伝をしても、あまり効果はないと考えました。

教室の商圏範囲が広域ではないため、テレビなどでCMを流しても、ごく限られた人にしか認知してもらえず、高い費用対効果が望めないと判断したからです。

私の教室の商圏範囲は、大体教室を中心に4〜5キロの範囲内なので、この地域の住民に認知してもらい、問い合わせを増やすような宣伝広告活動を選択しなければいけません。

そうなると、先ほど書き出した方法のなかで、「口コミ紹介」「看板やカッティングシートによる外観」「新聞折り込み」「ポスティング」「チラシの手配り」「掲示板」「おケイコ専門雑誌掲載」「タウン誌・フリーペーパー掲載」などが選択肢となってきますが、私はこれらの方法をうまく組み合わせて、宣伝広告活動を行いました。

ちなみに、広告などを掲載する場合には費用がかかりますが、参考として、どの程度の費用がかかるかを示しておきます。

たとえば、フリーペーパーへの枠広告であれば、5万円くらいから掲載できます。『ケイコとマナブ』に掲載するのであれば、12分の1ページでも10万円くらいします。新聞折り込みは、部数にもよりますが、チラシ作成、折り込み代まで業者に任せると、20〜30万円くらいになることもあります。

このように、広告料金が非常に高額であることがお分かりいただけると思います。

広告代理店の営業マンは、「絶対に自信があります」といって売り込んできますが、反応が悪かったら、「チラシの内容が悪かった」「雨が降っていたから、反応がなかった」などなど、いろいろな言い訳をします。「絶対に自信があります」と言いながら、保障をしてくれるわけではありません。

さらに、「チラシは継続的に打たなければ効果は出にくい」といい、広告の継続を促してきます。

その営業トークに乗って再び広告を打つのですが、結局、広告費だけが出て行き、チラシからの入会者が0名なんてことはよく起こることです。

これは私の知り合いの話ですが、ある広告代理店の営業マンが、「おけいこ特集の広告欄があり、非常に好評なので一度いかがですか」と誘ってきたそうです。

「絶対に反応がある！」というので、「もし反応がなかったら？」と聞き返すと、「責任を取ります」というので、そこまでいうなら、ということで掲載しました。

ところが、広告を掲載したものの、問い合わせは、なんと電話で1件あっただけでした。そこで早速、この結果を営業マンに報告したところ、「近いうちに、新聞の広告欄に無料掲載します」と言われたそうです。しかし、その後何の連絡もなく、こちらから電話しても「本人不在」と言われ続けているとのことです。

すべての広告代理店の営業マンが、このような人ばかりではないと思いますが、「広告代理店が言うんだから、言うとおりにしたら大丈夫だろう」とは絶対に思わないことです。

広告代理店の本業は、あなたのスクールを繁盛させることではありませんし、集客のプロでもありません。

なかには親身にスクールのことを考えてくれる営業マンもいますが、彼らの目的はあくまで広告枠をいっぱいにしたり、継続して広告を出してもらったりすることなのです。

このことを頭に入れておかないと、こんなにお金を払ったのにどうなっているんだ、ということになりかねません。広告媒体を選ぶ際には、必ずスクールの商圏範囲を考え、スクールにあった媒体を自分で確かめる必要があります。

確かめるポイントは、その媒体の購読者層が、スクールのターゲット層に合っているかどうかということです。それは、スクールに通っている生徒に確認することでわかります。

またその媒体の過去のデータの検証も必要になります。まず発行数から過去の掲載広告の問い合わせ率や読者層を確認し、自スクールに合うものなのか判断します。さらに他のスクールが広告を出したことがあるかどうかも聞くようにしてください。もし他スクールの掲載広告の内容や問い合わせ率を聞けば参考になります。たとえ他業種のスクールでも、この情報は参考になるものです。

新聞折り込みの反応率を上げる方法

新聞の折り込みチラシを検討する場合は、まず折り込みチラシの反応率を認識しておく必要があります。先述したように、通常は０・03％程度の反応率しかありません。この点をしっかりと認識しておけば、１００００枚のチラシで3件ほどの問い合わせがくる、ということが予想できます。

しかし、反応率を確実に上げる方法があります。私は次の方法で１５０００枚のチラシで30件の問い合わせ（０・２％の反応率）を得ることができました。これは、通常の6倍以上の成果です。ポイントは次のとおりです。

▼チラシを入れる曜日を決める
▼他のチラシより、見た人の気を引くようにする
▼チラシをすぐに捨てられないようにする

▼問い合わせがくるような内容にする
▼スクールに来てもらえるような内容にする
▼入会してもらいやすい内容にする
▼スクールに入会したくなるようにする

▼チラシを入れる曜日を決める

火曜日、水曜日、木曜日といった具合に、スクール関連の折り込みがよく入る曜日があります。

これらの曜日には、他の業種のチラシが少なく、休日よりチラシの数も少ないため目立ちます。こうした特定の曜日をチェックすることにより反応率は上がります。

たとえば、主婦層に見てもらいたい場合は、スーパーなどの安売りの広告が折り込まれる曜日に入れることも方法のひとつです。

▼見た人の気を引くようにする

チラシを見た人の気を引くようなキャッチコピーを入れることです。これにより、他のチラシより見てもらえる確率が上がります。

また私のスクールは、イメージキャラクターも作っていたので、そのキャラクターを紙面の4分の3くらいの大きさで入れました。これにより、子どもの関心を引くことができます。

▼チラシをすぐに捨てられないようにする

キャラクターのぬり絵を付けておきました。子どもはこういったものに、大変興味を示します。

ぬり絵を付けておくだけで、簡単には捨てられません。ぬり絵の代わりに子どもの喜びそうなゲーム、たとえば、迷路、英語のクロスワード、英語のクイズなどをつけておくことも効果的です。

チラシの内容のポイントは次の3つです。

▼問い合わせがくるような内容にする
▼スクールに来てもらえるような内容にする
▼入会してもらいやすい内容にする

これらのことは、折り込みチラシのみならず、フリーペーパーなどのタウン誌に載せる記事にも関連します。

自分のスクールの言いたいことばかり書いてあるチラシをよく見ます。

「自分のスクールはこれだけすばらしい」「こんなに良いスクールはありません」と書きたくなる気持ちは分かります。しかし、そんな広告を出しても、問い合わせは残念ながら、そうありません。

必ず入れて欲しいのは、あなたのスクールに入会することによって、お客さまはどのようになるのか、どのように変わることができるのか、という内容です。

あなたが思っている「自分のスクールの良いところ」を書く必要はありません。あなたのスクールが、お客さまに何を提供できるのかがポイントになります。

さらに、スクールに来てもらえるように、先ほど紹介したぬり絵を利用しました。

チラシのぬり絵を持ってくると、教室に貼り、プレゼントを渡すようにしたのです。これは、子どもにとってはかなりうれしいものです。

▼スクールに入会したくなるようにする

あえて既存の生徒がいるときに体験レッスンを行うようにしました。その理由は、実際のスクールの良さは、スクール運営側の人間が話すより、お客さまである既存の生徒が話した方が、より信用されるからです。

そのため体験レッスンの案内日時を通常のレッスンがある時間帯にしておきました。

ちなみに、折り込みチラシは直接新聞販売店に持ち込めば安くすみます。その際には、チラシをふたつに折らないで持ち込むようにしてください。ふたつに折ってしまうと、料金が2倍かかってしまうからです。

また、折り込む際にチラシの束の帯にしてもらえるようにお願いをしてみてください。これだけでも目につく確率は上がってきます。

フリーペーパーなどの活用方法

もともと私のスクールは全国展開しているわけではありませんから、高額な全国紙の媒体に広告を出す必要がありませんでした。それよりも、地域限定のフリーペーパーなどのタウン誌に掲載したほうが地域の消費者に浸透しやすいといえます。

全国区の雑誌の広告料は非常に高額で、なかなか手が出せませんが、フリーペーパーのような地域の広告であれば、少額で載せることができます。さらに発行地域が特化されているため、スクールに通ってもらうことが可能になります。

せっかく問い合わせが来ても、遠くて通うことができなければ意味がありません。注意深くフリーペーパーの情報収集をして、あなたのスクールに合うものを見つけてください。

そのためには、何度か広告を掲載してみる必要がありますが、広告代理店の言いなりで、連続で何ヵ月も出すことのないようにしてください。掲載は2回を目安にしてください。その2回も、平日と休日の2回が好ましいですが、休日に発行していないフリーペーパーもあるので、その場合は、平日に2回、連日ではなく日にちの間隔をあけて掲載して、結果を見てください。これだけでも、ある程度の効果がわかるようになります。

ちなみに、生徒にそのフリーペーパーのことを聞いてみてください。知っていると答えたら、そのフリーペーパーが地域の人に読まれていることがわかります。また、スクールの付近の駅に置かれているかどうかも確認してください。駅には毎日多くの人が出入りするので、そこに置かれていれば、人目につく可能性が高いからです。

ある英会話スクールは、タウン誌に広告を掲載し、地元でナンバーワンといわれるほどになりました。

それは、タウン誌の小枠広告を使った広告でした。大手英会話スクールがテレビやラジオで宣伝することに比べたら、地味でイメージは落ちるかもしれませんが、小枠に掲載することで、タウン誌上では目立つようになります。

広告の内容は、大手英会話スクールのイメージ広告とは異なり、毎回生徒の詳細なインタビュー記事で埋めていきます。

そして、広告では伝えきれない情報は、『資料請求』をしてもらうようにして、見込み客を集めていきました。要するに、広告でいきなりスクールを売り込まずに、資料請求をさせて見込み客を集める、ということです。

資料を請求してきた人には、写真やイメージではなく、手紙風にして、英会話業界の問題点や疑問点を説明するような資料を送りました。これにより、スクールへの信頼感を高めています。

この方法は通信販売業界では昔から使われている方法で、『まずは無料サンプル・資料をどうぞ』という広告を載せ、興味のある見込み客を集めたうえで、サンプルと一緒に詳しい資料を同封して説明をしていく方法です。

これは『2ステップマーケティング』という手法で、まずは見込み客集めから始め、その後、その見込み客を育てていくというやり方です。その見込み客がスクールに入会したくなるような資料やスクールへの案内を行うことにより、確実に生徒を増やしていくのです。

このスクールの宣伝広告活動のポイントは次のとおりです。

▼まずタウン誌に広告を継続的に出し、認知度を上げる
▼広告ではスクールの売り込みをせずに、資料請求に徹底する
▼見込み客から入会につなげる資料を作成する

莫大な広告費をかけずに地域ナンバーワンになったこのスクールの宣伝広告活動のやり方は、参考になるのではないでしょうか。

無料でマスコミにスクールを紹介してもらう方法

スクールを雑誌や新聞、テレビなどのマスコミで紹介してもらうと、認知度や信用度が上がるという効果が期待できます。

しかし、広告として紹介してもらうとなると、多額の費用が発生し、その金額は半端なものではありません。そこで、広告としてスクールを紹介してもらうのではなく、無料でマスコミに紹介してもらう方法を紹介します。

これを「パブリシティ」といいます。

パブリシティとは、テレビ、新聞、ラジオ、雑誌などのマスコミに働きかけ、記事として掲載してもらうことです。

注意していただきたいのは、あくまでも「記事」として掲載してもらう点です。「広告」ではありません。

パブリシティを利用するための流れは次のとおりです。

▼ネタ作りをする
▼マスコミリストを作成する
▼プレスリリースを作成する
▼マスコミリストにプレスリリースを送る

プレスリリースが採用されるポイントはいくつかありますが、特に重要なのは次の三点です。

▼なにかしらで一番になる
▼社会に貢献する
▼時代の流れにのっている

プレスリリースの作成に壁を感じ、なかなか実行に移せない方が多いようですが、マスコミも情報を欲しがっています。マスコミに提供するような話題がないと思っても、ちょっとしたことがプレスリリースのネタになったりします。私の場合は、夏に1泊2日のサマーキャンプやカナダ短期海外学習、オーストラリア短期海外学習などのイベントを実施し、そこに施設の子どもたちを招待していたのですが、こうした情報をマスコミに紹介したところ、新聞で取り上げられました。さらに愛知県や名古屋市から感謝状をいただきました。

そして、記事として取り上げられたら、それを二次活用していきます。

特にこの二次活用がポイントは重要です。マスコミは全く取材されていないところより、一度でも取材を受けているところに来やすいからです。

パブリシティは広告ではなく記事なので、その分、読者の購読率は上がり、認知度や信用度も格段に上がります。

プレスリリースは無料でできますので、すぐに採用されないからといって諦めずに、何度もチャレンジしてみてください。

生徒募集の実践

生徒募集は『プル型』と『プッシュ型』のどちらがよいか?

生徒募集には大きく分けて「プル型」と「プッシュ型」のふたつがあります。この点は先に少し触れましたが、「プル型」とは興味のある消費者に手を上げてもらい、その人たちを集めることです。たとえば、雑誌広告や新聞折り込みなどで集めるのがこれに該当します。この場合は、集客がある程度媒体や消費者任せになります。

一方「プッシュ型」は、こちらから消費者にアプローチすることです。戸別訪問がその典型的なやり方で、他にはチラシの手渡しやDMなどもこれに該当します。この場合は、集客をある程度、能動的にコントロールすることができます。

それでは、生徒募集は「プル型」と「プッシュ型」のどちらがよいのかですが、これを理解していただくために、私が英会話スクールを立ち上げたばかりのころの生徒募集についてお話します。

私はまず、目立つ場所に教室を作りました。そして看板をカッティングシートにして、走っている車のなかからも見ることができるようにしました。こうして生徒を募集するために、意気揚々と新聞の折り込みチラシを行ったのです。

カラーで見た目の良いチラシを作成して、スクールを中心に半径1・5キロ圏内に20000枚ほど折り込みで配布しましたが、全く問い合わせはありませんでした。再度同じ地域に同じ枚数を折り込みましたが、問い合わせはたったの2件でした。

この結果に愕然とし、「何が足りないのか」とずっと考え続けました。そこで、何とかスクールの存在を知ってもらおうと思い、紙芝居を作りました。

スクールにはイメージキャラクターがあったので、そのキャラクターを使った英語の紙芝居を作ったのです。そしてその紙芝居を、公園で行いました。しかし誰も見向きもしません。それでも毎日、紙芝居を続けていくと、数人ですが、見てもらえるようになり、その場で紙芝居の感想を書いてもらいました。

これを繰り返しているうちに、最初は数名から、10名、20名、多いときでは1日に50名を越える人が集まるようになり、集まった人たちにスクールのチラシを配り、興味がありそうな人たちには、スクールの説明をして体験レッスンのアポイントを取るようにしていきました。

すると、最初は全く取れなかった体験レッスンのアポイントが1件、また1件と、取れるよ

	プル型	プッシュ型
目　的	お客さまを集める	お客さまを訪ねる
特　徴	お客さまのアクションを待って対応する「待ちのスタイル」	積極的に訪問して情報やコミュニケーションをとり、お客さまとの関係を作っていく「押しのスタイル」
効果期間	数ヶ月～数ヵ年	数週間～数ヶ月
具体例	テレビ、雑誌などの広告媒体	戸別訪問、手渡しのチラシ、DMなど

うになり、1日に5件以上のアポイントが取れるようになりました。さらに問い合わせも徐々に増え、1日に数件の割合でくるようになりました。

これをきっかけに生徒の人数も順調に伸び始め、50名、100名と紙芝居を始めて数ヵ月後には、200名近い人数になりました。

どうでしょうか。このスクール立ち上げ方法のなかにヒントがいくつかありましたが、お分かりになりましたでしょうか。

まず、私は教室を目立つ場所に作り、看板やカッティングシートで消費者に存在をアピールしました。さらに新聞への折り込みを行いました。これは「プル型」の生徒募集になります。

しかしこの「プル型」の生徒募集はうまくいかずに、今度は消費者のいる公園を訪ね、直接スクールの知名度を上げるために紙芝居を行いました。そこで、興味のありそうな人たちに直接、スクールの説明をしました。これは「プッシュ型」の生徒募集になります。そして、結果的には「プッシュ型」の生徒募集により生徒を集めることができたのです。

これを見ると、「プッシュ型」の生徒募集のほうがよいと思われるかもしれませんが、ここで注意すべきことがあります。それは、「プッシュ型」の生徒募集を行うには、それを実行する人材が必要になるということです。生徒募集を専門で行う人材がいれば、私は迷わず「プッシュ型」をお勧めします。しかし、人材がいないとなれば、「プッシュ型」から「プル型」へ移行していかなければなりません。

「プル型」は中長期的な生徒募集に、「プッシュ型」は短期的な生徒募集に効果的なのです。ですから、生徒確保が急務であれば「プッシュ型」の生徒募集を始めなければいけませんし、スクールの継続的な生徒募集に重点を置くのであれば、「プル型」の生徒募集が必要になります。この点を踏まえ、あなたのスクールの状況と照らし合わせて、「プル型」「プッシュ型」のどちらに重点を置くかを決める必要があります。

情報収集の大切さ

スクール経営について相談に来られた方に、必ずお聞きすることがあります。それは、スクールの近隣の同業他スクール、他業種のスクールの状況です。

また、子ども英会話スクールであれば、保育園、幼稚園や小学校さらに中学校の状況も聞きます。

具体的には、他のスクールの生徒の人数や受講料、幼稚園での英語の課内、課外授業の有無に関することを聞きます。

なかには、しっかりと調べられている経営者もいらっしゃいますが、ほとんどの方が、私に聞かれて初めて調べてみる、という状態です。知らないことが悪いとはいいませんが、経営上いろいろと損をすることがあります。

先述した「２割の法則」も、保育園、幼稚園や小学校の状況がわからないと使えません。また幼稚園によっては英語の課外授業はもちろんのこと、課内で授業を取り入れているところもあります。そうなると、生徒募集のやり方が根本的に変わってきます。

また、近隣に同じようなコンセプトを持った、自スクールよりも授業料が安いというスクールがあったとします。それを知らずにチラシを折り込んだら、全く反応がないということも起こりえます。こうなると、コンセプトから授業料設定まで再検討する必要があり、戦略自体を変更しなければいけません。

このように、情報を持っていないと損をすることがあるのです。

他スクールや近隣の保育園、幼稚園、小学校に関する情報だけではなく、スクールの周りの生活状況に関する情報も必要です。

たとえば、共働きの家庭が多い地域であれば、平日のレッスンではなく、土曜日や日曜日にレッスンを行うと効果が上がるかもしれません。

通常考えられている、月曜日から金曜日までのレッスンスケジュールを、水曜日から日曜日に変更することにより、他スクールとの差別が図れるかもしれません。また転勤の多い地域であれば、3、4月にはどうしても退会者が多くなります。それを知ったうえで募集計画を立てれば、いっそうの効果が期待できます。

実際に私が教室を新しく開校する際には、必ず2~3日間かけて、こうした情報を徹底的に収集しました。私の場合は、あまり他のスクールを意識していませんでしたが、保育園・幼稚園、小学校の状況確認は意識的に行いました。また、「チラシを配る場所の情報も収集しました。チラシ配布に適した場所を最低10ヵ所は見つけておきました。

ただし、ご注意いただきたいのは、情報収集は、情報を「集める」ことが目的ではなく、それを「使う」ことが目的である点です。情報は持っていても、それを活用できなければ、宝の持ち腐れになってしまいます。ですから、あなたのスクールにはどのような情報が必要なのかを、最初に考えてから必要な情報集めることが大切です。

チラシ配りでは「配布場所」がポイントになる

チラシを配る場所は、「駅前」「スーパー」「教室前」「小学校」「保育園・幼稚園」「公園」など意外に多くあります。また、時間帯によっては、その場所に集まる人が変わります。

たとえば、公園では午前中の時間帯は未就園児の子どもを連れた母親がいますし、午後からは幼稚園児を連れた母親がいる、といった具合です。

また、スーパーでは担当者と交渉をして、人の出入りの多いところにブースを置かせてもらうこともできます。しっかりと交渉をすれば、無料で場所を貸してもらえます。交渉方法は、ただスクールのブースを設置したいというだけではなく、スーパーにとってのメリットを伝えるようにします。たとえば、このスーパーでイベントを行えばスクールに通うお母さんが来店することや、この場所では買い物にお母さんと一緒に子どもも来店するので、子どもを預けて、お母さんがゆっくり買い物できること、またスーパーに賑わい感がや活気も出る、といったメリットをスーパーに伝えます。これが交渉時のポイントです。

ここでも時間帯による人の流れを把握することにより、子ども以外へのチラシ配布やアプローチも可能になります。また集客の多いスーパーであれば、チラシ配布から直接アプローチすることもできます。

実際に私は公園やスーパーでチラシを配布し、その場で体験レッスンの申し込みまで受けました。ちなみに、スーパーでは1日50件くらいの体験レッスンのアポイントが取れました。

私たちは、大手のスクールにはできないことをやらなければいけません。そのための工夫もいろいろしなければいけません。そのひとつがチラシの配り方なのですが、これについてお話する前に、もう一度チラシの効果について考えましょう。

まず、あなたはチラシを何のために使用するかを考えてください。

▼イメージ戦略のため
▼問い合わせなどの即効性のため

このふたつは、全く異なる目的です。

そのためこのふたつを同時に行おうとすると、結局どっちつかずの失敗に終わります。ですから、チラシを配る際には、その目的をはっきりと決めてから行動を起こさなければいけませんし、チラシを配る際にも、目的を意識しながら配る必要があります。

チラシ配布の目的には次のような段階があります。

1　受け取ってもらう
2　捨てられないようにする
3　読んでもらう
4　興味を持ってもらう
5　問い合わせがくるようにする

イメージ戦略のためであれば、1から3までに気をつけて配ればいいでしょう。もし即効性を求めるならば、1から5までのすべてを考えなければいけません。これらを踏まえたうえで、あなたが対象とする顧客の年齢層を考えてみてください。

1では、成人に対してはよくティッシュをつけて配りますが、あなたが対象とする顧客の年齢層ではどうでしょうか。どのようにすればもらってもらえるのでしょうか。

2、3では、配ったティッシュを捨てずに読んでもらうためにはどうすればよいでしょうか。

4、5では、チラシの文面に「英語の必要性」を追加しておきますが、あなたの顧客の年齢層にとっての英語の必要性とは何でしょうか。

これらのことを、しっかりと頭に入れておいてください。

チラシの配り方／ポスティングの方法

チラシを配るには、新聞への折り込みやフリーペーパーへの折り込みなど媒体を使った方法もありますが、ここでは人を使った配り方についてお話します。人を使った配布方法には、ポスティングや手渡しなどがあります。

まずはポスティングからです。あなたは現在、どのような形でポスティングをしていますか？

ポスティングを代行する業者もありますが、時間があればスクール関係者が直接行うことをお勧めします。

ポスティングのやり方は、ただポストに入れるだけ終わらせている場合が多いように思われます。しかし、それでは効果が薄いのです。

その理由はポストのなかには、いろいろなチラシが入っているからです。ものすごく目立つチラシを作ったり、コストをかけてティッシュとセットにしたりすることができればいいですが、なかなかそうもいきません。

そうなると必然的に他のチラシと混ざり、見られることなく捨てられてしまう可能性が高くなります。

そうならないために私が考える方法は、ポストに入れる前に必ずチャイムを鳴らすということです。そこで、いきなり飛び込み営業をやれといっているわけではありません。

「こんにちは、○○スクールの△△と申します。近所でお世話になることになりましたので、ご挨拶を兼ねてお伺いしました。スクールからのご挨拶をポストに入れさせていただきますので、よろしければご覧ください」というように、ただチラシを入れることを伝えるだけでいいのです。

これだけでも、チラシが目に留まる確率は断然高まります。また不在だった場合は、「○月○日午前○時にご挨拶を兼ねてお伺いしました。直接ご挨拶できなくて、残念でした。ぜひ、このスクールからのご挨拶をご覧いただければと思います」などと、必ずチラシに訪問した時間、メッセージを書き、ポストに入れておきます。さらにもう少し踏み込んだやり方としては、チラシをポストに入れるのではなく、手渡しすることです。その際に、スクールのことだけではなくて、世間話でもかまいませんので、５分でも会話ができればスクールの認知度は格段に上がります。

ポスティングの際に気をつけなければいけないことは、まずは時間帯です。ポスティングといえどもチャイムを鳴らすわけですから、その時間帯には注意しなければいけません。たとえば、在宅率が高いからといって夜遅くに行くのは問題外ですし、夕食の準備をしている時間帯や朝の忙しい時間帯にいけば逆効果になってしまいます。

集合住宅などのポスティングは必ず北側の棟から、また、下の階からではなく最上階から始めるようにしましょう。通常集合住宅やマンションでは南側にベランダがあります。そこで南側の棟からポスティングを始めると、向かいに建っている他の棟のベランダから配っていることが見られてしまいます。別に悪いことをしているわけではないのですが、そのことにより身構えられたりしないように、北側から始めた方がいいでしょう。また下の階から配り、徐々に上の階に上っていくというのは肉体的にも精神的にも負担になるので、最上階から順番に配っていきましょう。

こうした一見地味なやり方が、必ず結果に結びつきます。

チラシの配り方／手渡しの方法

次に手渡しによるチラシの配布ですが、よく大手英会話スクールのティッシュをアルバイトの人が配っているのを見かけます。なかには、ただ立っているだけの人がいたり、無言で渡したりする人もいて、とても渡し方がよいとは思えません。アルバイトの人はチラシやティッシュを配ることが仕事です。スクールの認知度アップや問い合わせアップまでは考えていないからでしょう。だからこそ、先述したように、時間があればスクール関係者が手渡ししたほうがよいと私は考えるのです。

では、どのように手渡せばいいでしょうか。それは、必ず一言声を掛けて渡すことです。朝であれば、「おはようございます。○○スクールです。ありがとうございます」というように声を掛けて手渡しします。もしそれが小学校、保育園、幼稚園の門の前であったとしても、必ず声を掛け笑顔で渡しましょう。

さらにもう一歩踏み込んだやり方として、時間が許すのであれば、コミュニケーションをとるようにします（朝の通勤、通学の時間帯ではできませんが）。会話はポスティングのときと同じで、スクールのことばかりではなく、世間話でもかまいません。

特に小学校などでの門の前では、このコミュニケーションが重要になってきます。この場合は、チラシをコミュニケーションのツールとして考えます。そして1回きりではなく、何回も定期的に配ることにより「ザイアンス（ザイオンス）の法則」が出てきます。「ザイアンス（ザイオンス）の法則」とは、人は接触機会が多ければ多いほど、安心感が増すという効果のことです。人は最低7回接触することにより、親近感がわくといわれています。こうした効果を狙えば、格段に認知度は上がっていきます。

入会率の高い体験レッスン

ほとんどのスクールでは、体験レッスンを行っていると思います。

では、お聞きしますが、「なぜ、体験レッスンを行うのでしょうか？」

唐突でバカバカしい質問かもしれません。しかし、慣例だから、と思っているのではありませんか？「どこのスクールも体験レッスンをやっているから、ウチもやっている」なんて思っている方は要注意です。

そもそも体験レッスンって何なんでしょう。それは、消費者にあなたのスクールのレッスンを見てもらい、実際に体験してもらうことです。そして、そのレッスンが気に入ったら入会してもらうわけです。

しかし、体験レッスンでは考えておくべきことがたくさんあります。それは次のようなポイントです。

・通常の既存のレッスンの中で行うのか
・全く新規でお客さまだけで行うのか
・体験レッスンの時間は通常レッスンと同じか
・体験レッスン内容はどうするのか
・体験レッスンを有料にするのか無料にするのか
・使用する教材はどうするのか
・どこで体験レッスンを行うのか
・教室の説明は誰が、いつするのか
・クロージングは誰が、いつするのか

このように、いろいろと考えなければいけないことがたくさんあります。ここにあげたのはごく一部で、細かく書けば、きっと100項目を越えると思います。それだけ体験レッスンは奥が深いものです。

ただ単にレッスンを見に来てもらったり、参加してもらったりするだけでは、体験レッスンというより「見物」になってしまい、なかなか入会にはつながりません。

入会率を上げるためには、少なくとも先ほど書き出したポイントは考えておくべきです。

そこで、体験レッスンのポイントについて簡単に見ておきましょう。

【通常の既存のレッスンのなかで行う場合】

ここで注意する点は、参加するお客さまに対する気遣いです。まず、参加するお客さまが子どもの場合の具体的な注意点ですが、それは次のことです。

▼レッスン開始の10～15分前には来てもらう

いきなり体験レッスンに参加した子どもを、いきなり知らない子どもたちのなかに入れると、緊張して固まってしまうことがあります。そのため、必ずレッスン開始前に子どもとコミュニケーションを取りましょう。

その際には、「先生が一緒にいるから大丈夫だよ」と一声かければ、子どもは安心します。

▼通常のレッスン参加者とレベルが合わないと

思ったら、その子どもをレッスンからはずすか、レッスンのレベルをあわせる

レベルが合わなければ、子どもは楽しくありません。体験レッスンの最大の目的は、子どもに「楽しい！」「やりたい」と思ってもらうことです。

そのためレベルが合わないと判断した場合、通常レッスンのレベルを変えるか、もしくはいったん子どもをレッスンから外し、後で個別にレッスンをするなどの処置が必要になります。

次に、参加者が成人の場合ですが、基本的な考え方は子どもの場合と同じです。特に初心者は、なかなか人前で英語を喋ろうとはしません。「大丈夫ですから」とこちらがいっても、いきなり知らない人の前では話せないことがありますので、その場合には、いったんレッスンから外し、後でレッスンをするようにしてください。

レッスンはこのような雰囲気で、こうやって進めていきます、ということが分かるようにします。

【新規のお客さまだけで行う場合】

ここで注意する点は、1名で行う体験レッスンの内容です。

▼レッスンの時間は、通常レッスンと同じようにする

マンツーマンのレッスンのなかで、子どもに「楽しい」「やりたい」と言ってもらえるようにするには、通常レッスンとは違った体験レッスン用のカリキュラムを考えておく必要があります。

たとえば「幼児であれば歌や踊り中心のレッスンにする」「小学生であれば、カードゲームや身体を使ったゲーム中心のレッスンにする」などの方法があります。

成人の場合は、レベルチェックという形でレッスンを行ったほうがいいでしょう。

特に現在の自分のレベルをしっかりと把握させ、今後あなたがこのスクールに通うことによって、どのように変わっていくのかを伝えることが必要になります。

これから紹介する方法は、40%だった契約率を平均60%超にした方法です。実に20%近く上がったわけですが、これはスクールにとってはとても大きな成果といえます。10名体験レッスンを行って、入会者が4名と6名では、かなり違います。ちなみに、成人では契約率は平均80%を越えました。

それではここから私が実践していた体験レッスンについて具体的にお話しします。以下、「新規のお客様だけで行う体験レッスン」を「新規」、「通常の既存のレッスンのなかで行う体験レッスン」を「既存」と略して示します。

〔子どもの体験レッスンの場合〕

私の場合、子どもの体験レッスンは、「新規」「既存」の両方を行っていたので、分けて紹介します。

【新規の場合】

▼参加者は3〜5名までにする

参加者は多くても5名までにしました。通常のレッスンでは、もう少し多いとは思いますが、クロージングをする際のことを考えると、私は5名が限度と考えます。経験上、どんなすばらしい営業マンでも一気に5名超のクロージングは契約率を下げます（他業種では、違うかもしれませんが）。またクロージングに慣れていない場合は、1名での体験レッスンを行います。その際、体験レッスン内容を若干修正する必要があります。

▼体験レッスン開始の10分前にはお客さまには来てもらう

参加者が複数の場合、遅れてくる人もいます。そのため、早めに時間を設定しておきます。また開始前に、参加する子どもとのコミュニケーションをとり、リラックスさせます。

その間の時間に、お母さんにはアンケートに答えておいてもらい、クロージングの際に使う資料とします。

▼参加する子どもに名札をつける

忘れがちですが、レッスン中、子どもはちゃんと名前で呼んであげます。ただ参加者が複数いる場合、覚えるのが大変なので、あらかじめ名札をつけ、一目で名前が分かるようにしておきます。

【既存の場合】

▼参加者は3名までにする

新規と違い、既存の場合は多くても3名までにします。また一クラスに定員制を採用している場合は、参加者を含めて、その定員以内におさまるようにします。

既存の場合、すでに授業料を支払いレッスンに参加している人に配慮する必要があり、特に一クラスの人数は最大限に考慮します。

▼体験レッスン開始、15分前には来てもらう

新規より5分早く来てもらうのは、既存のお客さまである生徒もレッスンに来るので、できる限り混乱を避けるためです。

既存の生徒には、今回体験レッスンの参加者がいることを必ず伝えます。あとは、新規と同じようにしていきます。ただ、新規より子どもとのコミュニケーションはできる限り多く取るようにします。

【成人の体験レッスンの場合】

成人に関しては、「新規」「既存」という捉え方ではなく、全く違う考えで体験レッスンを行いました。

▼成人の場合は、最初にアンケートを取り、レベルチェックをする

成人の場合は、子どもと違い、年齢でクラス分けをしないので、参加者のレベルで判断しま

す。無理に高いレベルのクラスに入ったり、謙遜して低いレベルのクラスに入ったりしても、結局面白くなくなり、長く続きません。

そのため、このレベルの基準を明確にしておきます。レベルチェックの方法として、講師との会話や簡単なペーパーテストを行いました。

基本的に、既存のレッスンへの参加させずに、レッスンを外から見て、どのようなレッスンをしているのかを確かめてもらいます。

その際に、既存のレッスンに参加している生徒に簡単に紹介をしていきます。その後、クロージングをしていきます。

この部分は、講師ではなく、別のスタッフが行いました。講師が外国人のため、日本語でクロージングができないからです。

ここまで、私が体験レッスンの際に注意した点を書いてきましたが、重要なことは、やはり「お客さまに対する気遣い」です。せっかく貴重な時間を割いて、体験レッスンに参加してくれるわけですから、その時間を無駄にさせてはいけません。

体験レッスンだけでは、よい評判はなかなか出てきませんが、悪い評判はしっかりと出ます。ですから、たとえよい返事がもらえなくても、お客さまの気分を害するような対応をしてはいけません。

契約率を上げる入会説明方法

せっかく体験レッスンを行っても、入会してもらえないとちょっと辛いですよね。そこでまず、入会率についてお話しします。

チラシなどから問い合わせが来たとします。そんなときはうれしくなり、「やっとチラシの効果が出た」と思うのではないでしょうか。

そして、あなたのスクールに興味を持って、体験レッスンを受けたいと言ってきました。

この時点であなたは、どれくらいの確率で入会してくれると考えますか？

「まだ体験レッスンも受けてないから……」
「入会してくれるかは、わからない」
「だから確率といわれても……」

と考えますか？

実は、この問い合わせが来た時点の対応によって、入会率は変わってくるのです。もう少し詳しく述べましょう。

問い合わせが来て、体験レッスンの予約が取れたのに、いざその体験レッスン当日になって、「お客さまを待っていても来ない」「キャンセルの連絡が入る」などといったことはないでしょうか。

せっかく問い合わせが来ても、体験レッスンを受けに教室に来てもらえなければ意味がありません。

まず入会率を上げるためには、問い合わせから体験レッスンにつなげ、実際に体験レッスンを受けてもらわないといけません。

そのため、いかに問い合わせから教室に来てもらい、体験レッスンを受けてもらう確率を上げるかが重要になります。実は、この体験レッスンへの参加率を上げるために肝心なのが、問い合わせが来たときの対応なのです。

次に、その対応方法についてお話しします。

▼体験レッスンの日時設定は、お客さま任せにしない

お客さまの都合を確認してから、体験レッスンを案内した方がいいだろうと思っているスクールもあると思います。

しかしその場合、体験レッスンを行っていない日を指定されたときに困ります。「その日に体験レッスンはありません」と答えたら、お客さまに合わせるつもりが、かえって逆効果になってしまうこともあります。

必ずこちらから「○日の○時からと、×日の×時からの体験レッスンがありますが、どちらがよろしいですか?」というように、特定の日時を二、三告げ、お客さまに選ばせた方がいいでしょう。

▼体験レッスンの日時設定は、その日を含めて3日以内に設定する

なぜ3日以内なのかというと、これにはちゃんと理由があります。「鉄は熱いうちに打て」ではないですが、3日以内と4日以降では、契約率が全く変わってくるからです。

せっかく取れた体験レッスンのアポイントも、日にちが経つと忘れられてしまいます。そのため、教室に来る割合が落ちるのです。

ここで私のスクールでのデータを紹介しますので、参考にしてください(体験レッスン申込日を含めた経過日数です)。

【体験レッスンに参加する確率】

3日以内――80%
6日以内――50%
6日以外――30%

【契約率】

3日以内――80%
6日以内――60%
6日以外――40%

この数字がそのままあなたのスクールにぴっ

たり当てはまるかどうかはわかりませんが、かなり当たっていると思います。

先ほどもお話したとおり、入会率を上げるためには、まず体験レッスンの参加率を上げることが必要です。

いきなり今まで30％だった契約率を、2倍の60％に引き上げようとするのは無理です。ですから、問い合わせから体験レッスンへの申込率を今より30％アップさせ、体験レッスンの参加率を今より30％アップさせて、契約率を今より30％上げればよいのです。

【1・3×1・3×1・3＝2・197】

このように、部分、部分を見直すことにより入会率は変わってきます。一度あなたのスクールの各比率を確認してみてください。気づかなかった部分があるかもしれません。

次に、教室に興味を持ったお客さまが見学に訪れたときですが、基本的にはどのスクールにも顧客対応の手順があります。しかし、そのレベルの差は実に大きいのです。

ここで、ある英会話スクールの対応について見てみましょう。

まずは、受付のスタッフが立ち上がり、笑顔で挨拶します。優秀なスタッフなら、お客さまの様子やスケジュールなどから見学希望者だと察しがつくでしょう。ちなみに、優秀でないスタッフなら「予約も入れずに突然来るなんて」と思ったりします。そして「見学希望の方ですね。それではこちらへどうぞ」とテーブルに案内します。ここまでは大丈夫です。よい対応です。

問題はその後です。

そのスタッフはおもむろにパンフレットや説明資料をテーブルに並べます。そしてこう考えます。「ウチのスクールの良い部分を残らず理解させよう」。スクールのポリシー、講師の優秀さ、スタッフの家族的な対応……。

このような大きな勘違いをしているスクールが多いのではないでしょうか。

まずスクール側として考えなければいけないことは、「お客さまは自分の問題を解決するためにココに来た！」ということです。

英会話を習おうと考える人は、何かしらの問題を解決するために、お金を払って、時間を割いてスクールに入るはずです。ですからお客さまのニーズとは、「自分が抱えている英語に関連する問題を解決する」ことです。

そして、ここでスクールのお客さまへの対応のレベルは大きく分かれます。

▼1　お客さまのニーズを聞きだすための方法論を持っていないスクール

このタイプのスクールの対応は常に一方的で、お客さまのニーズの聞き取りよりも、スクール・ポリシーの説明の方が百倍くらい大事だと考えています。信頼関係の構築などはるか上空にかすんで見え、お客さまは次に見学に行く別のスクールのことを考え始めます。

▼2　お客さまのニーズの大切さはわかっているが、それを何に活かすのかまで至っていないスクール

このタイプは、いろいろ聞いてコミュニケーションをとったあと、「さて、それでは……」などといいつつ、お客さまのニーズは横に置いて、何事もなかったかのようにパンフレットの説明に移り、今まで何人ものお客さまにしたのと同じプレゼンテーションを始めます。お客さまは「おいおい、ちょっと待てよ」と心のなかでつぶやきます。

▼3　お客さまのニーズをうまく聞き出し、スクールの特徴をそれに当てはめ、お客さまの問題を解決する答えを用意できるスクール

このタイプのスクールでは、お客さまは次のように感じます。

「私に必要なのはこのスクールのシステムだ」

では、「お客さまのニーズを聞き出し、それ

を「お客さまの問題解決に活かす」とはどういうことでしょうか。

たとえば「このお客さまはなぜこの立地を選んだのだろうか?」と考えてみます。この答えに含まれるお客さまの問題とは何でしょうか。考えてみてください。

もしかすると家や勤務先から近くないとモチベーションが続かないのかもしれません。ですから、この場合の問題解決法は、「自宅が近いお客さまは、通える回数も多くて、上達も早いですよ」というデータを見せたり、「ウチのスクールではお客さまのモチベーションを高めるために、レッスン前日に講師からメールをお届けします」といった特徴を説明したりします。

こうした対応に配慮したうえで、お客さまに聞くべき内容と自スクールの強みをもう一度整理してみましょう。そして、それをお客さま対応のマニュアルにまとめてみてはいかがでしょうか。

このような対応ができれば、クロージングの精度は格段に上がります。世の中には実際にこうした対応が完璧にできるスクールがありま す。それが、お客さまの「不安」「不信」「不快」などの『不』の部分を取り除くことになるのです。

さて、あなたのスクールは、現在どのレベルにあるでしょうか。

イベントによる集客法

消費者のなかにはあちこちの「無料体験レッスン」に何度も足を運ぶ人がいて、その人たちにとって無料体験レッスンは見慣れたものになっています。

そのような人たちには、イースター、ハロウィン、クリスマスなどの時期に、期間限定のイベントを行うと効果があります。また、イベントはそれまでスクールを知らなかった人に知るきっかけを与え、集客にも非常に有効です。

しかし、イベントもただ行えば集客できるというわけではありませんが、イベントには集客以外の役割もあります。イベントの捉え方として、私は次のふたつを考えています。

ひとつは、既存の生徒に対するもので、これはレッスンをマンネリ化しないようにするために行います。

もうひとつは、新規の生徒に対するもので、これは集客を目的にしています。

まず既存の生徒へのイベントですが、これは年齢層を考えずに行ってしまうと、参加率に影響することがあります。

通常、スクールでは年齢別にレッスンをしていると思いますが、イベントのときには、年齢別の枠をはずし、同じ日にまとめて行うこともあると思います。これはイベントの準備などの手間を考えると仕方ないことかもしれませんが、たとえばイベントの内容を幼児向けにすると、小学生にとっては面白くないこともあります。また、小学生向けにすると、幼児にはわからないということになります。同じ子どもだからといって一緒にできない場合もあります。

このように参加率を重視するのであれば、同じ日でも時間帯を変えるなどの工夫が必要になってくると思います。特に既存の生徒へのマンネリ化を防ぐために行うイベントであれば、全員参加しなければ意味がなくなってしまいます。

時間がかかり負担があるようでしたら、日曜日などのレッスンのない日に行うのではなく、レッスンのなかに取り入れるなどの方法もあります。これは完全に既存の生徒のために行うイベントになります。

しかしこのやり方でも、集客に結びつけることは可能です。私のスクールでは、生徒の人数が多くなり、クラス編成上、空き時間がない場合でも、集客をして入会につなげていきました。

基本的には「既存クラスで行う体験レッスン」のスタイルをとります。この体験レッスンを、たとえば、「クリスマス特別企画」などと名称を変更して行います。もちろん体験レッスンの内容は、そのイベントに関連するものにしますが、流れは通常の体験レッスンと同じままです。こうすれば、集客に結びつけることが可能です。

次に新規の生徒に対するイベントですが、この場合はイベントの目的によって内容が若干変わってきます。

具体的には、『２ステップマーケティング』をするのか、しないのかということと、知名度アップだけのイベントにするのかどうか、によって変わってきます。

まずはイベントの目的をしっかりと決めておかなければいけません。

人を集めるだけであれば、それほど難しくはありません。たとえば、スクールの近くでお祭りなどのイベントが行われていれば、それに便乗するだけでもかなりの集客が可能になります。

スクールの立地にもよりますが、スクールが集客しなくても、地域で行われるイベントが人を集めてくれるからです。

実際に、私のスクールでもこうした地域のイベントを使い、１日に２００～３００名も集客したことがあります。

しかし、たとえ1日の２００名集客したからといって、目的をしっかり定めておかないと、これといった効果はほとんどありません。もちろん体験レッスン申し込みや入会につながることもありません。

先ほど述べたとおり、集まった人たちを、どのようにして体験レッスンや入会に導くかを考える必要があります。

その方法としては、『2ステップマーケティング』があります。まず名前や連絡先を取得し、その後、体験レッスンから入会へと結びつけていくわけです。

これは、まず見込み客を集めてリスト化していく方法です。このリスト化ができれば、効果的なプル型の生徒募集が可能になります。

集客率を上げる体験レッスンとは

先述したように、多くのスクールが「無料体験レッスン」を実施しているので、それに見慣れている消費者も多いといえます。たとえば、飲食店がホットペッパーなどのフリーペーパーに10%オフ券や、500円引き券などをつけて集客を試みていますが、こうしたことは多くの飲食店がやっているので、目新しさはありません。

スクールの無料体験レッスンも同じです。そのためなかなか他のスクールとの差別化ができずに集客に苦労するのです。

そこで、本当にお客さまを集めたいと考えるのであれば、いっそのことレッスンを無料にしてしまうという方法もあります。1ヵ月無料レッスンや2ヵ月無料レッスン券をつけてしまうのです。そうすれば、他のスクールとの差別化が図れて、お客さまも集まってきます。そこで気に入ったらお客さまはリピーターになってくれますし、口コミも発生するでしょう。

レッスンに自信があれば、あとは入会につなげるクロージングのシステムを考えればいいわけです。

私の英会話スクールでも、1ヵ月7350円の授業料を、3ヵ月6300円にして、お試し体験入学を実施したことがあります。この体験入学は、他のどの英会話スクールも行っていなかったので、差別化はバッチリでした。

さらに3ヵ月6300円だからといって講師を変えたりしないので、レッスンの内容や質はしっかりしたものを提供したため、口コミが発生して、人が人を呼び、さらに友達を紹介して、クラスはパンク状態になり、「もういいです」というくらい集客できました。

もし本当に、生徒募集に困って何ともならないときには、こういった極端な方法を考えてもよいでしょう。

無料冊子の活用法

生徒集客には消費者に「スクールを知ってもらう」ことが必要であることは、これまでに何度もお話していますし、そのための方法もお話してきました。

そこで、ここでは少し視点を変えてみます少し変えるというのは、ずばり「情報提供」を行うことです。

この場合の「情報提供」とは、単にスクールの情報を伝えるだけではなく、英語教育に関する情報を提供することです。

たとえば「小さなお子さんがいるお母さんへこんな英語学習の方法があります」などのお役立ち情報を公開します。そして、いつもスクールで使っている教材や学習方法をお役立ち情報の冊子として提供します。冊子はきちんと製本しなくてもかまいません。パソコンから打ち出し、ホッチキスで止めたものでも充分です。ホームページに無料冊子の申し込みページを作成し、PDFファイルによる電子書籍として提供してもかまいません。こうした方法なら、ほとんど費用もかかりません。

大手英会話スクールを含め、多くのスクールの告知内容は、スクールのPRや体験レッスンの案内です。そこで、あえてスクールの学習方法を公開して、告知の差別化を図るわけです。

いつもは体験レッスンの案内ばかりで、もしかしたらうんざりしている消費者も「こんな英語学習方法がありますよ♪」といわれれば、興味を持つのではないでしょうか。

さらにスクールの外面だけではなく、内面も知ってもらうことができるので、安心感も出てくるはずです。チラシによる冊子プレゼントにしても、PDFファイルによる電子書籍にしても、それを提供することによって英語に興味を持っている消費者の名前や連絡先を入手することができます。これをリスト化することにより、プル型の生徒募集につなげることができます。

こうした情報提供を継続的に行うことにより、消費者には『返報性のルール』という心理が芽生えてきます。

返報性のルールとは、簡単にいえば相手に何かしてもらったら、こちらも同じようなことでお返しをしなければいけない、と感じる心理のことです。

こうした情報は、レッスンのやり方など企業秘密に属する部分があるかもしれませんが、公開できる部分と公開できない部分を分けて検討することもできるはずです。要するに、消費者に情報を公開できる範囲で冊子を作ればよいのです。冊子以外にも、ニュースレターを作成し、情報提供していくこともできます。

ニュースレターとは、一種のかわら版のようなもので、『○○スクール通信』や『○○スクール新聞』といった形のものです。スクールのレッスン風景やレッスンのイメージを生徒の声で伝えることができますし、何よりそれを読んだ消費者が親近感を持ってくれます。

また既存の生徒に対しても、スクールの情報提供やイベント募集として活用することができますので、まさに一石二鳥のツールです。

体験レッスンに参加したけれども入会をしなかった見込み客へニュースレターを定期的に届けることにより、先ほどお話した『ザイアンス（ザイオンス）効果』がでて、安心感や信頼感を与えることができ、入会へつなげることができます。

私の場合は、ニュースレターを1回につき3万部ほど発行していましたので、取引業者から広告を募集し、広告掲載料をもらっていました。広告掲載料をもらうことにより、費用をかけずに、ニュースレターを発行することもできます。

他スクールとの共存

習い事をしている子どもの半数以上がふたつ以上の習い事を掛け持ちしている、という調査結果があります。

たとえば、保育園・幼稚園のころから英会話スクールに通いはじめ、小学校に入学してからはスイミングも始め、高学年になり学習塾に通いはじめる、といった具合です。

こういった状況を考えれば、お客さまを奪い合うというより、いかに他のスクールと共存していくのかを考えた方がいいのではないでしょうか。

いざ他の習い事を始めようとしたときに、全く知らないスクールより、現在通っているスクールが提携しているスクールであれば、お客さまに安心感を与えることができます。

実際に私のスクールでは、スイミング、ピアノ、パソコンスクールなどと提携し、合同にイベントを開くのはもちろんのこと、教室内にチラシやポスターを掲示していました。こうしたスクールのコラボレーションにより、お客さまの開拓も加速していきます。

第4章

生徒の出席率の重要性を知ろう

～スクール経営の盲点。出席率がスクール経営のカギを握る～

4-1 軽視されがちな出席率

出席率はなぜ大切か

お客さまである生徒が欠席することをどのようにとらえるかは、スクールを経営するうえで非常にポイントになります。

大手英会話スクールでは出席の悪さが目立ちます。現在では、「特定商取引に関する法律」(特定商取引法)第41条で規定される特定継続的役務提供により、「語学教育」「学習塾等」「パソコン教室等」では、途中解約による前払い授業料の返還がスクール側に義務付けられています。そのため、以前よりは解約時のトラブルは減っていると考えられますが、出席率そのものは変化がありません。どうしてでしょうか?

解約は、一見すると生徒にやさしい法制度です。しかし、実際に解約をするとなると、ひと悶着なしにはすまないですし、解約を申し出たときに更新をしつこく勧められ、たらいまわしにされて結局うやむやになるケースも多いようです。

「なぜやめるの?」と突っ込まれるのも気持ちがいいものではありませんし、なるべくトラブルをおこしたくないと思うのが日本人の悲しい性です。こうして、うやむやになってしまうのです。

しかし、解約されないのは、こういったネガティブな理由だけではないようです。実際には生徒が「せっかく英会話を始めたのだから、今は欠席しているけど、またいつか行くだろうから」と考えて保留にすることも多いようです。

そして、いざ久しぶりにスクールに行ってみると、自分の英語が全く通用しないことに嫌でも気づかされます。これでますます行く気は失せるものの、それでもまだかたくなに、「いつかきっと話せるようになるさ」と信じています。

特に大手英会話スクールの出席率の低さは、このような理由によることが多いように思われます。これはスクールにとっては非常に便利なマネジメントです。なぜなら、サービスを受けない人から収益を得ているからです。一部には、出席しない生徒によって支えられているといわれるスクールもあるのですが、この指摘は実は正しいのです。では、こうした事態が続くとどうなるのでしょうか？

まず、出席率の低下がそのまま経営状況の悪化に結びつくケースがあります。月謝制を採用しているスクールでは、その月の収入源が断たれ、しかも生徒が復帰する見込みがない場合には、将来に渡って不安定な状態が続きます。

また少人数制の場合、欠席している生徒の復帰があやふやだと、新規の生徒の獲得もままならなくなります。新規の生徒を獲得し定員をオーバーすると、欠席していた生徒が予約を取れなくなる可能性があり、そうなるとクレームにつながります。しかし、だからといって収益の問題から目をそらすわけにもいきません。

月謝制でない場合でも、出席率が低下して生徒が来なくなると、スタッフのモチベーションが低下します。講師も同様です。中小規模のスクールでは団結によってスクールが運営されていることも多いのですが、そんなスクールではモチベーションの低下は致命傷になります。

「どうせこのスクールでやっていてもお客さまは来ないし」「それなら楽な方がいい」などと考え始めるようになります。

いくらスクールの理念や教育方針を強調しても、生徒の出席率が低下するとスクール内の環境まで悪化します。中小のスクールでの出席率の低下は、スクール破綻への始まりなのです。

4-2

出席率を上げる方法とは

大手スクールが新規のお客さま獲得に力を入れるわけ

出席率の上昇は、あなたのスクールに何をもたらすと思いますか?

スクールといえども、経営という観点では一般の会社と同じです。いかに売り上げと利益を確保するかが重要な課題となります。これには大手や中小の間に差はありません。そうであれば、単刀直入に「出席率の上昇は売り上げアップにつながるか?」と聞きたくなるはずです。

答えはイエスです。

しかし、「出席しないお客さまが支払った金によってスクールが運営されている」と言ったじゃないか、という反論も聞こえてきそうです。

それも重要な指摘であることは間違いありませんし、確かに一理あります。しかし、一方では「出席してくれる、英会話を伸ばしたいと考えているお客さまは、将来の潜在的なお客さまになる可能性が高い」のです。

お客さま中心で考えれば、出席は欠かすことのできない必須条件であり、スクール中心で見れば、レッスンなどのサービス提供は義務となります。しかし義務とはいえ、経営主体として見ると、売り上げに直結する可能性が高いお客さまが目の前にいることはとても重要なのです。

それではなぜ、大手を始めとする英会話スクールは新規のお客さまの獲得に血眼になるのでしょう?

それは新規のお客さまの獲得が最も楽で、最も確実で、最も効率のよい売り上げ確保の方法だからです。本来は新規顧客を獲得する費用は、既存のお客さまから同じ売り上げを上げる際に必要な費用の5倍以上かかるといわれているにもかかわらずです。

実は、これにはからくりがあります。それは「チケット制」です。大手直営の英会話スクールなどは、「チケット制」（前払い制）を導入しているため、新規のお客さま獲得が最も効率のよい売り上げ獲得方法になります。だから、新規の顧客の獲得に力を入れるのです。

しかし、最も楽な方法に頼り切ってしまうと、営業努力やサービス向上を怠るようになり、やがて商品の画一化を起こし、他スクールとの差がはっきりしなくなってきます。

「少人数制」「給付金制度」「オリジナルカリキュラム」などとしか謳えないスクールが多いのは、この傾向の現れです。出席率の上昇は、新しいサービスの開発や他スクールとの違いを明確にすることにつながります。

しかし、お客さまもバカではありません。たとえ良い商品やサービスを開発しても、通常のレッスンさえ満足に受けることができないスクールから買おうと思うはずがありません。こんなときにモノをいうのが、普段からの企業努力なのです。

出席率の向上は、お客さまの目指すものに合致した企画を提供できるかどうかにかかっています。そして、その姿勢を積極的にお客さまにアウトプットしなくてはなりません。

有料であるか無料であるかはこの際重要ではなく、お客さまにどう受け取ってもらえるかに注目すべきです。

この姿勢は、外部に対してもアウトプットしなくてはなりません。自分のスクールの方法を公表すると真似をされてしまう、負けてしまうなどと考えてはいけません。それでは新規顧客に頼っていたころとメンタリティーは同じです。

外部に公表することによって、多くの潜在的なお客さまにスクールの姿勢を見せ、それによってさらに既存のお客さまの信用と信頼を勝ち取ることが大切です。このことが収益増加につながる魅力あるスクール経営につながるのです。
　私のスクールの例を紹介します。

なぜ教室に来ないのか？

↓

「レッスンがつまらないから」

↓

どのようにつまらないのか？

↓

「簡単すぎて、面白くない」

↓

それでは、帰国子女やレベルの高い子どもを対象にしたクラスを作ろう

↓

在籍する生徒に「クラス開設」のお知らせを出す

▼帰国子女やレベルの高い子どもを対象にしたクラスを「ハイレベルクラス」として、外国人講師との通常のレッスン時間をより長くして、金額設定をあげます。私は1・5倍にしました。

▼ハイレベルクラスに入るためには「テスト」を行い、「テスト」に合格した子どもだけが入会できるようにします。誰もが入会できるクラスではありません。これにより付加価値を高めます。

　さらに、ハイレベルクラスをチラシにも記載するようにします。「ハイレベルクラスあり」と書いておきました。
　ハイレベルクラスを設置することで、スクールのグレードアップにもつながりました。
　以上が、私のスクールで行ったことです。
　このように、なぜ出席率が上がらないのかを確認することにより、対応策が見えてきます。ですから、まず「なぜ出席率が上がらないのか?」「なぜ欠席するのか?」を確認することから始めてください。

特に社会人を中心にスクール経営をされている場合には、

▼仕事があるから

▼他の用事があるから

▼忘れてしまったから

▼時間がないから

などの理由が出てきます。これらの理由の裏を読むようにしてください。どうしてあなたのスクールのレッスンより仕事を優先したのか、他の用事を優先したのか、を考えてみることです。

理由の裏を読むヒントは、入会時にあります。もう一度、あなたのスクールの生徒は「なぜ入会したのか?」を考えてみてください。この点を確認することで、お客さまのホンネが見えてきます。

たとえば、たまたまスクールの前を通りかかった際に、教室内の感じの良さそうな外国人講師が目に入り、その講師に教えてもらえるのならと入会したお客さまもいるはずです。またパーティーなどイベントに参加して、生徒同士や講師との雰囲気がとてもよく、このスクールなら人見知りをする自分でも続けられるのではと入会を決めたお客さまもいるはずです。

しかし、入会後にこれらの期待を裏切られたらどうでしょうか。たとえば感じの良さそうな講師のクラスに参加できなかったり、なかなか生徒同士とも講師とも打ち解けられなかったりしたら、スクールへの足は遠のくはずです。

理由は些細なことかもしれませんが、それを知らないがために、生徒は離れていってしまいます。

4-3

「出席率」から「継続率」へ

生徒に継続をしてもらう方法とは

生徒にそのまま継続してもらうためには、よりよいスクール環境の整備や生徒の要望に答えたサービスの提供など、スクールに通うことに対するストレスをいかに軽減するかが重要になります。

しかし、いざそれを実行しようと思っても、そもそも生徒がどのように思っているのかを知らなければ前には進めません。まずは生徒から要望を聞くことになるのですが、生徒はそんなに簡単には教えてくれません。

多くのスクールはアンケートを実施していますが、これも回収率が低く、うまくいっていないところが多いようです。

そこで私が行った回収率80%を越えるアンケートについてお話しします。

まずアンケートの回収率を上げる方法です。

▼講師には絶対にわからないようにする

当たり前のようですが、実は案外できていないスクールが多いのです。生徒がアンケートに答える際に、誰が何を書いたのかという内容が講師にわかってしまうようでは、悪いことについてはなかなか書けません。退会するつもりであれば別ですが、今後も関わっていく講師との人間関係を悪くしたくないと考えるのが普通です。

そこで、アンケートは無記名にしておき、のりしろを作り、封ができるようにして、誰が書いたのかわからないようにするようにします。さらに直接講師に渡らないように、アンケート回収ボックスを作って、講師以外のスタッフが回収するようにします。これにより回収率は格段に上がるはずです。

誰が書いたのか、どこのクラスなのかが知りたい場合には、アンケート用紙を色分けにしてたい場合には、アンケート用紙を色分けにして曜日、クラスがわかるようにしたり、生徒にわからないように番号を記載したりしておけば、ある程度回答者がわかるようになります。

次にアンケート作成上の注意点です。

▼対応できない質問は絶対にしない

せっかくアンケートを取るのだから、できる限りいろいろなことを知りたい、またはいろいろな要望に答えたいと考えるのは悪いことではありません。しかし、生徒はアンケートに書いた以上、何らかの対応を求めます。そこで元もと対応できないことを質問で聞いておいて、無視するようなことをすれば、二度とアンケートには答えてくれなくなりますので気をつけなければいけません。

アンケートは作成や回収も大切ですが、一番大切なことは、スクール側としてそのアンケートにどのように対応していくか、ということです。アンケートで寄せられた要望に対し、いつまでに対応するのかなど、全生徒にわかるようにし、スクールの姿勢を見せることが重要です。クレームなど経営者側からすると耳が痛いものもあるかもしれませんが、できることとできないことを選別して、誠心誠意対応することです。

次に私のスクールで継続率向上のために行っていたことをお話していきます。

▼出席カードを作成する

親御さんからみれば、自分の子どもがどのくらい英語ができるようになったのか、またはどのようなことをレッスンでしているのかがわからないと不安になりますし、このスクールで大丈夫なのかと不信感につながります。そこで出席カードを作成し、今日のレッスンではどのようなことをしたのか、また子どもの反応はどうだったのかについて簡単に講師から伝えていくようにしました。

また、レッスンに参加するたびに、シールなどを出席カードに貼り、生徒にやる気を出させるようにしました。さらに1年間休まずにレッスンに参加した生徒には、皆勤賞としてプレゼントを用意しました。些細なことですが、子どもにとっては目標になり、励みになります。

▼授業参観を行う

親御さんは自分の子どもの成長を気にします。そこで定期的に授業参観を実施して、子どもの上達が見られるようにしました。

▼保護者会を行う

子ども英会話スクールでは、子どものやる気を引き出すのはもちろんですが、親御さんにも英語の必要性や継続して学ぶことの重要性を理解してもらう必要があります。そのためには、保護者会などを開催し、英語について理解を深めてもらうようにします。生徒との個人面談なども行い、現在の生徒の英語に対する状況やスクールに対する要望を把握し、問題点を早めに察知して解決するようにしました。

▼イベントを開催する

イベントについては生徒集客のところで少し述べましたが、イベントを行うことにより、レッスンでのマンネリ化をなくしました。発表会なども行い、生徒によい意味での緊張感を与えるようにしました。

こうした取り組みが、生徒の継続率アップへとつながっていきます。

▼お土産を渡す

私のスクールでは、子どもがレッスンを受けたら、必ず最低ひとつのセンテンスは覚えてもらうことにこだわっていました。

生徒が成人の場合には、その日のレッスンで何を学んだかを必ず明確するようにしました。そしてその際には、生徒に「お土産」を必ず持たせるようにしました。

その「お土産」とは、その日のレッスンで使用したプリント教材です。これを生徒に何枚か持たせるのです。

そうすると、生徒は安心し、保護者はとても喜んでくれます。保護者は自分の子どもの成果を楽しみにしています。出席カードとあわせてプリント教材を渡すと、とても喜んでいただけます。

ちなみに、私の知り合いの小学校の校長先生も保護者にたくさんのプリントをお土産として渡すそうです。そうすると、やはり保護者は喜ぶ、と言っていました。

4-4 クラス編成

なぜクラス編成をするのか？

クラス編成をするのは、次のような理由によります。

▼生徒のレベル調整のため
▼生徒の帰宅時間が変わるため（子どもの場合）
▼クラス人数が減ったため、クラスをまとめる
▼新規クラスを作るため、曜日・時間をあける

このうち、1と2は生徒側のために行うクラス編成で、3と4はスクール側のために行うクラス編成になります。

▼生徒のレベル調整のため

生徒のレベルに関しては、特に注意が必要です。クラスのレベルが生徒にとって簡単すぎたり、難しすぎたりすると、レッスンに面白みを感じなくなり、出席率が低下していくからです。それがやがて退会につながります。

▼生徒の帰宅時間が変わるため

保育園児や幼稚園児が小学校に入学すると帰宅時間が変わります。小学生でも低学年と中学年、高学年では帰宅時間が変わってきます。帰宅時間が変わっても、同じ時間帯にレッスンを行っていれば、通うことができなくなり、退会につながってしまいます。

▼クラス人数が減ったため、クラスをまとめる

グループレッスンをしている場合、生徒数が1名ではできません。これではプライベートレッスンになってしまい、採算性も悪くなってしまいます。またある程度の人数がいた方が、レッスンも盛り上がります。

そのため、人数の少なくなったクラスをまとめていきます。

▼新規クラスを作るため、曜日・時間をあける

新しい生徒を募集する際には、スタートラインを一緒にするために新規のクラスを作る必要があります。

そのためには、少人数になっているクラスを他のクラスと合わせ、空きクラスを作ります。

このように、いろいろな目的でクラス編成を行っていきます。

クラス編成で問われること

クラス編成をする際に、退会者を出してしまっては意味がありません。クラスの人数が少ないからと編成でまとめようとしたら、退会者が出て、結局そのクラスの人数は増えずに、スクール全体の生徒の人数まで減ってしまったでは、泣くにも泣けません。これでは「クラス編成なんてしなきゃよかった」となってしまいます。

とはいえ、クラス編成をしなければ、グループレッスンという名のプライベートレッスンになってしまうこともあります。スクールを運営していくうえでは、クラス編成は避けて通ることができません。問題は、誰がクラス編成をするか、です。

大手英会話スクールでは、本部が事務的に編成を行うこともありますが、私は反対です。

せっかく通っていただいているお客さまに対し、「新学期からは、○曜日の○時からです」

と事務的に伝えられて、生徒が通えなくなって退会したら、あなたはどう思うでしょうか？

もちろん採算の問題などもあり、編成せざるを得ないこともあります。それは、私にもよくわかります。お客さまの言い分や都合ばかり聞いていたのでは、編成が進まないこともあるでしょう。ですから、教室の状況も生徒の状況もよく知っている講師が編成をするのが一番だと私は考えます。

私は、クラス編成をするにあたって、こう言い続けています。

「クラス編成のときほど、それまでの生徒とのコニュニケーションや生徒や保護者との信頼関係が浮彫りになる時期はありません。講師としての腕の見せ所ですよ」

ただ残念ながら、これまでに約1000名の英会話講師を見てきましたが、全くといっていいほどクラス編成ができない講師もいました。一方、3、4月ではなく、いつの時期でも問題なく編成する講師もいました。

これがクラス編成だ！

クラス編成をする前に、なぜクラス編成をするのかを考えなくてはいけません。もちろん、その日の気分でクラス編成をする人はいないと思いますが……。

クラス編成をして、生徒がたくさん退会するようでは全く意味がありません。編成によってどうしても通うことができずに、退会する生徒が出るかもしれませんが、そうした事態を極力避けるようにすべきです。

それでは、クラス編成のやり方についてお話していきます。

▼クラス編成のやり方

まずこちらが考える「クラス編成表」を作成します。「クラス編成表」は私が勝手につけた名前ですので、あなたがわかりやすい名前にしていただいてかまいません。

生徒が子どもの場合であれば、月曜日の4時からは幼児クラスとか、火曜日の5時からは小学校低学年クラスといった具合に、クラスの形態を表にまとめます。そして、そのクラスに5名の生徒を入れるのであれば、A君とBさんとCさん……というように5名全員の名前を書いていきます。さらに、通っている小学校や幼稚園・保育園の名前、その学年の記載をしていきます。

なぜ小学校名や幼稚園・保育園名や学年を書くかというと、小学校や幼稚園・保育園によっては、学年や年齢によって帰宅時間が変わることがあるからです。3時に子どもが帰宅するのに、3時からのクラスには入れられません。クラス編成をする際には、こうしたことを事前に把握しておく必要があります。

そして作成したクラス編成表をもとに編成を行っていきますが、いつでもクラス編成ができるように、日ごろからクラス構成の表を作成しておくとよいでしょう。まだ作成していないのであれば、この機会に作成してみてください。

次に、子どものクラス編成表作成上の注意点について紹介します。

▼一クラスの学年差は三学年までにする

たとえば、小学校1年生と5年生が兄弟だとしても、同じクラスにはしないようにしてください。

成人であれば、レッスンでの年齢差はあまり気になることはありません。しかし、子どもの場合は年齢によって体力や能力に差があります。

同じクラスに1年生と5年生がいれば、ゲームなどをした場合、常に5年生が勝ってしまい、1年生は面白くありません。また1年生のレベルに合わせた内容でレッスンを行えば、5年生には退屈になり、また5年生に合わせたレッスンをすれば、1年生はついていくことができません。

一番よいのは、一クラス、一学年で編成をすることですが、グループレッスンを行うだけの生徒の人数が集まらないこともあります。

しかし、私の経験上、最大三学年差までのレッスンであればスムーズに行うことが可能です。

▼クラスは学年順にしていく

たとえば、2時の未就園児クラスからスタートしたら、3時は幼稚園児クラス、4時は低学年クラス、5時は中学年クラスとします。

1日のレッスン数は、2時からスタートするのであれば、2時、3時、4時、5時、6時の5レッスン、平均で4レッスンにした方がいいでしょう。成人のクラスであれば、もう少しレッスン数を増やすことができますが、子どもの場合、レッスンは歌や踊りやゲームが主体となるため、レッスン数がこれ以上増えると講師の体力が落ちたり、集中力が散漫になったりして、レッスンの質を下げることになるからです。

クラスの時系列も大切です。2時の未就園児クラス後の3時に低学年クラスを入れて、4時には幼稚園児クラスを入れるというように、学年の順番を変えないようにしてください。これを行うと、学年が変わるとき、その曜日に通えなくなることがあるからです。

たとえば、4月にすべての生徒の学年が変わり、今まで2時の未就園児クラスに通っていた子どもが幼稚園に通うようになっても、学年順にクラス編成ができていれば、そのまま3時の幼稚園児クラスに通うことができます。同じように、3時クラスの幼稚園児が小学生になれば、4時からの低学年クラスに通うことができます。

生徒の帰宅時間は学年が上になるほど遅くなります。クラス編成をするときは、必ず下の学年から順にクラスを設けるようにしてください。

以上が注意すべき点です。

なお、クラス編成をすることは、最低2ヵ月前には生徒や保護者に伝えるようにしてください。急に編成をしようとすると、スクール側の準備にかかる労力や生徒の心理的負担が大きくなるからです。余裕を持って行うことが大切です。

また、こちらが思ったとおりに誘導できるようなアンケートを作成しておくことをお勧めします。アンケート結果があれば、それをもとにスムーズに編成を行うことができます。

さらに、最終的にどこを『おとしどころ』にするのかをしっかりと頭に入れて行っていかないと、生徒と平行線をたどることになってしまいます。たとえば、スクール側としては、どうしても今のクラスをなくし、他の曜日に移動してもらいたいことがあります。その場合、生徒が通えなくなることもあります。お互いに主張をしあっても、平行線になり、最悪の場合は不満を抱えたまま生徒が退会してしまいます。「せっかく楽しんで通っていたのに、スクールの勝手な事情で通うことができなくなり、やめさせられた」などと思われたら、スクールの評判にも関わってきます。

そこで、そうならないための「落としどころ」を考えておく必要があるわけです。まずそのクラスをなくす理由を考えます。もし新規クラスを開講するために、今のクラスの移動を考えているのであれば、どうしても移動することができない生徒に「今度、このクラスは新しい生徒がたくさん入会してきます。そうなると今までのクラスの雰囲気とは変わってしまうことがあるかもしれませんが……」と伝え、生徒にもある程度妥協してもらい、スクール側としてもクラス移動を無理強いしないという落としどころを作っておくわけです。お互いが妥協できる部分をスクール側として考えておく必要があります。

このように、クラス編成をするにも、その前の段取りがかなり重要になってきます。そのためにも、なぜクラス編成をするのかをしっかりと考えておく必要があるのです。

第5章

こんなスクールが選ばれる

～子ども英会話スクールに見る、選ばれるスクールの「7つの条件」とは～

5-1 お客さまに選ばれるスクール

「楽しい」と感じられる雰囲気があるか？

選ばれるスクールになるためには、まずスクールの雰囲気がポイントになります。あなたのスクールはどのような雰囲気ですか？

たとえば、みんなずっと静かに座っておとなしくレッスンを受けていたらどうでしょうか。

実際に私のスクールでも、そんなクラスがありました。幼児クラスでこんなレッスンが行われていると、見学のお母さま方が驚きます。「家では騒いでいて、全くいうことを聞かないのに、あんなにおとなしく、しっかりレッスンを受けている」と感動するお母さまもいます。

それでは、生徒である子どもに目を向けてみましょう。なぜ子どもは座っておとなしくレッスンを受けるのでしょうか。

多くの子どもが「先生が怖いから……」という理由でおとなしくしていることは間違いありません。しかし、英会話の教室はしつけの場所ではありません。付加価値のためにしつけを重視することも考えられますが、それでは子どもは決して楽しいと言ってくれないでしょう。

子ども英会話の場合、カリキュラムが「歌って、踊って、ゲームをして、遊びながら」をメインにしているスクールが多いのは、子どもに興味を持ってもらうためです。子どもは自分の意志で「英語をしゃべれるようになろう！」と思って習いはじめてはいません。ご両親が「自分の子どもには英語くらい話せるようになってほしい」「〇〇ちゃんも英語やっているからウチも」と考えて始めるケースがほとんどです。子どもが自分でスクールを探して「ここに通いたい！　どうしても英語が必要だから」などと言うはずがありません。

ですから、まず子どもが教室に来て、「楽しい！」、レッスンを受けて「面白い！」と思えるようにすることが大切です。ずっと座って、おとなしくレッスンをしていては楽しくも面白くもないでしょう。

固いレッスンをする講師は、概して「歌」や「踊り」をあまり行いません。ただひたすら「詰め込みのレッスン」をしたりします。そんな講師は、与えられたレッスン時間のなかで「これだけの課題をすべてやらなければ」という義務感に追われています。そんな講師はレッスンをして楽しいのでしょうか？

楽しくないはずです。講師が楽しくないのに、レッスンを受けている子どもたちも楽しいはずがありません。また、楽しくないレッスンを受けた子どもに、「もう行きたくない。面白くないから」と言われたら、親も楽しくありません。

ですから、まずは講師自身が本当に楽しいと思えるレッスンをすることが必要です。そして、いかに子どもたちに英語の楽しさを伝えられるかを考えてください。

子どもたちがあっちこっちに行きガヤガヤしていればレッスンにならないので、メリハリをつけることは必要ですが、固い雰囲気のスクールは、お客さまには絶対選んでもらえません。

逆に講師が楽しく元気に大きな声でレッスンをし、子どもも笑顔が絶えず、大きな声で英語の歌や踊り、ゲームを楽しくやれれば、子どもは英語を好きになってくれます。そして、「英語が好き！」と楽しく通う子どもの姿を見たお母さまも満足します。レッスン見学後、子どもがレッスンで習ったことを自宅で母親と楽しくやるようになったら、お客さまは絶対にあなたのスクールを選んでくれます。

カリキュラムは整っているか?

実際に私の英会話スクールで使用していたカリキュラムを次の表にまとめてみました。

カリキュラムは、最低これくらいは用意しておかないといけません。また、毎月のカリキュラムを保護者に知らせることが必要です。

保護者は「毎回どのようなことをやっているのか」を気にしています。子どもがレッスン後、毎回「こんなことをしたよ」と歌や踊りをして、レッスン内容を話せばいいですが、なかなかそこまでしません。そこで、その日にどのようなレッスンをするかを、毎月事前に知らせておきます。そして、保護者には、その内容を子どもに質問して、「復習してください」「または予習してておいてください」と伝えておけば、安心します。

また、保護者は暗記や詰め込みではなく、自然に身につくレッスンかどうかも気にしています。

子どもは非常に飽きやすいです。しかし興味を持ったことは何度も繰り返します。同じDVDを何回も見たり、同じ絵本をボロボロになるまで何度も見たりします。確かに単語を覚えることは大切ですが、単語カードを並べてひたすら暗記することは楽しくありませんし、忘れるのも早くなります。

こうした点にも気を配り、保護者に今何をレッスンで行っているのかを分かりやすく知らせる必要があります。ただし、絶対に難しい専門的な伝え方をしないようにしてください。

毎月のカリキュラムを知らせる際にも、たとえば「絵」を入れておくなど、分かりやすくすることが大切です。

未就園児（0歳から2歳6ヶ月）

目　標	大好きなお母さんと一緒に「英語の回路」を創ります。
コース特徴	0歳から2歳6ヶ月までのクラスは、小さな子どもたちとお母さんが、一緒にレッスンを受け英語を親しむようにします。歌を歌ったり、体を動かしたりしながら英語をたくさん聞くことで、脳に「英語の回路」を作ることを目指します。また、ご家庭でもお母さんとお子さまが楽しく「英語で遊べる」ように、レッスンを通じて教材の使い方を学べる内容にしていきます。
ポイント	子供たちがレッスンに「スイッチ」するように、歌（＝音）と動きからスタートします。毎回のレッスンで繰り返すことで、小さな子どもたちの脳に英語を自然にインプット。このようにして「英語の回路」を作っていきます。あいさつも、出席も全部英語にします。毎週英語で繰り返し語りかけていくことで、自然に耳から英語を身につけられるようにします。これが母国語の教育法の特長になります。教材の使い方をお母さんに学んでもらうようにします。今日レッスンで行った遊びを家でもできるように、ゲームの仕方や教材の使い方を講師が丁寧にアドバイスしていきます。

幼児（2歳6ヶ月から5歳）

目　標	「運動感覚的学習」で英語のリズムとイントネーションを身につけます。
コース特徴	活発に動き回りたい幼児期に、体を動かしながら英語を耳で聞いたり、話したり、体を使った「運動感覚的学習」で、どんどん英語を体で吸収させていきます。英語のリズムや発音を自然に身につけ、英語の根を育てます。またこの年代は、初めてお母さんから離れて行動を始める「自立の時期」でもあり、集団でのレッスンにより、確かなコミュニケーション能力も育ちます。
ポイント	動きが活発になる3～5歳。まず体を動かしながらあいさつをして、子どもの意識をレッスンに向かわせます。この時に子どもは英語モードにスイッチが切り変わり、英語学習に集中することができるようになります。 楽しく学ぶための意欲作りにゲームは最適です。子どもたちはゲームに心を集中させ、真剣に取り組むので、単語や表現を素晴らしい早さで覚えていきます。カードを使った楽しいゲームの中で、子どもは言葉の意味を理解するとともに、自分の気持ちを表現する「手段」も覚えていきます。幼児期は英語の文章を文法で覚えるのではなく、使っていきながら感覚的に身につけます。耳から聞いたままの音をゆっくり口に出す能力は、幼児の素晴らしい特性の一つで、こうして英語が自然に身についていくようになります。

小学校低学年（１年生から３年生）

目　　標	「遊び」ながら「学ぶ」ことで、英語の基礎力をつけていきます。
コース特徴	英語の根を広げて英語の基礎力を築いていきます。英語のリズムやイントネーションを大切にしながら、遊びの中から耳で聞いて理解し、聞いたことに敏速に反応して話す感覚を養っていきます。「聞いて行動する」「発話する」「文章を聞き分けられる」など、コミュニケーションの基礎づくりを目指します。
ポイント	英語の歌を歌ったり、会話をしたりしながら、子どもたちはレッスン中、絶えず英語に包まれて過ごします。子どもたちが期待するような環境を作り上げ、生活体験や遊びの中で、言葉をはじめ、いろいろなことを学んでいくようにします。 子どもが言葉を身につけるまでには、何千回と同じ言葉や言い回しを聞いてから使いこなすようになります。言葉を覚えるのと、使いこなす能力とは別のものです。能力を身につけるには繰り返して口慣らしをすることが大切です。 カードの強みは、ゲームにして遊べるという点。ゲームや遊びの形をとると、繰り返し反復練習が楽しく行えるので、言葉を覚え、口慣らしをして身につけるのにもってこいなのです。

小学校高学年（４年生から６年生）

目　　標	「聞いて話す」から「読める」「書ける」「使える」総合的な英語力へと高めていきます。
コース特徴	ゲームやアクティビティーで、聞いたり話したりする言葉や表現を文字にしたり、文法的に理解していきます。ゲームをワークブックと結びつけながら行うレッスンで、子どもたちは学ぶことを楽しんでいきます。感覚的な学習と知的な学習を合わせたメソッドで、総合的な英語力へと高めます。
ポイント	英語での出席チェック。今月あったことを英語で話したりしながら、レッスンが始まります。先生も疲れているの?」「お腹すいた?」と英語で問いかけ、子どもが英語で答えるよう導いています。 日本語と英語の言葉の順番には、大きな違いがあることが、英語学習の大きな壁になっています。子どもたちは友達と組んでペアワークを行い、カード並をして文を作って遊んでいるうちに、自然に文の形（文法）を学んで、この壁をラクに乗り越えてしまいます。 聞いたり言ったりして耳から入った英語を文字にしたり、頭の中で文章として組み立てるために「Workbook」を活用します。ワークブックでは、「遊び」で感覚的に学んだ英語の知識をしっかりと理解して「使える」「文を作れる」ように発展させていきます。

中学生

目　標	自分の考えを英語で表現することで、コミュニケーション能力を高めます。
コース特徴	これからの時代、求められている英語力はコミュニケーション能力です。単語の暗記や文法を覚える一時的な学習ではなく、「自由な発想のもとで自分の考えを自分の言葉（英語）で表現できる能力」を育てていきます。さまざまなテーマに対して、他の生徒の意見を聞き、自分の意見を伝える練習をしながら「国際人の育成」を目指します。
ポイント	英語は楽しいもの。その気持ちを忘れることがないように、そして本物の英語力が身につくようにカリキュラムは構成されています。中学生クラスのレッスンは、メインレッスンとサブレッスンに分かれています。レッスンに合わせて会話用テキストと、ワークブックを使用します。もちろん教材を活用した「遊び」の要素も組み込んだレッスンを行います。

子どもが好きなものを講師が理解しているか？

子どもが喜ぶものを知っていますか？　男の子、女の子、幼稚園児、保育園児、小学生など、それぞれ違ったものに興味を持っています。

あなたは友達を作るとき、「音楽、何聴いている？」とか「テレビ、何観ている？」などと話をして共通点を見つけますよね。スクールで子どもに接するのもそれと同じです。

子どもと共通点を見つけるためには、「今子どもが何に興味を持っている」のか知ることが大切です。「そんな必要はない」と思われる方もいると思います。実際、私のスクールの講師も最初は賛否両論でした。「子どもたちは英語を習いに来ているので、英語を教えることが仕事であり、覚えるなら英語の知識のほうが大切だ」という講師もいました。

しかし、英語をよりよく子どもたちに教えることは当たり前のことであって、それが仕事のはずです。私のいっているのは、さらに子どもとのコミュニケーションが取れるように努力をするべきである、ということです。

どうしても講師は生徒がいるのが当たり前と考えがちです。私のスクールでも、やはりそんな考えの講師がいました。生徒がいることのありがたみに少し疎くなっていたのです。

「ご飯は出てきて当たり前」で、それを作る人の苦労が理解できないのと同じです。しかし、こうした姿勢でいると、やがて限界がきます。

趣味で英会話スクールをやっているならいざ知らず、生徒を増やし、教室を増やそうとするならば、子どもとの接点を見つけるといった配慮が必要です。子どもとのコミュニケーションがしっかりと取れ、子どもが「この先生好き！」って言ってくれたら、保護者も充分に満足されるはずです。

とはいえ、いきなり子どもの好きなことすべてを知ろうとしても大変です。まずは、トイザラスなどのおもちゃ屋に行って、今どんなものが販売されているかを見てみることから始めればよいでしょう。そうすると、今流行っているテレビで放送中のキャラクターグッズなどがよく分かります。また、教材に使用できるものもたくさん販売されていますので、参考にもなります。まさに一石二鳥といった感じです。

そこで、あなたにお聞きしますが、次の2人の講師のうち、あなたならどちらを選びますか？

▼英語は完璧！　しかし「ビジネスライク」な考え方で子どもに接する「どちらかというと帰国子女タイプ」

▼子どもの心はがっちりキャッチ、気配りもバツグン。しかし英語の発音に自信のない「保母さんタイプ」

私なら二番目の人を選びます。ただし、発音に関しては最低限の研修はします。

まず、子ども英会話スクールの役割を理解してください。英語を話せるようになるためには最低2000時間必要といわれています。このうち教室でできるのはせいぜい1年間に50時間弱です。当然、自宅で練習しないと、話せないまま終わります。

要するに、英会話スクールだけでは子どもは英語が話せるようにならない、ということです。ということは、子ども英会話スクールの役割は、子どもに英語は楽しいと興味を持ってもらい、好きになってもらうことです。これができていなければ、どれだけ理想を語っても意味がありません。

車で送迎する家庭への対処方法はあるか?

今のご時世、嫌な事件が多く、特に子どもの誘拐や傷害事件が目立っています。そのため学習塾も生徒の送迎にはかなり気を遣い、多くの進学塾ではバスを保有して生徒を送迎しています。

また、小学校でも下校時に保護者が車で迎えに来るケースも多くみられるようになりました。それだけ、今保護者は送迎に対して神経を尖らせているといえます。

私のスクールでも、この送迎に関してはいろいろ考えました。

送迎バスが持てればよいですが、とても採算的には合いません。また、保護者が車で送ってきた場合の駐車場を完備できればよいのですが、10台以上の駐車場を完備するとなると、これも採算的にできません。

そこで私は、有料パーキングに車を止めてもらうことにしました。あちこちで見かける「30

分100円」というコインパーキングです。そのため、スクールの立地をコインパーキングが近くにあるところにしたのです。

住宅地にある教室では、送迎に対して近隣からクレームが寄せられていましたが、コインパーキングの近くに教室を設けたことで、クレームは大幅に減りました。「わざわざ有料の駐車場に止めてまで、英会話スクールなんて」と思う方もいると思います。

そう思う方は、自信を持って「近くにコインパーキングがありますので、送迎の際はそちらに止めてください」と言ってみてください。たとえ、有料の駐車場に止めたとしても、スクールに通いはじめてよかったという保護者の喜ぶ顔に、きっと驚くでしょう。

それでも、駐車場を何台分も借りますか？　送迎バスを買いますか？　よく考えてみてください。

イベントを開催しているか？

多くのご両親は、程度の差こそありますが「親バカ」です。

そこで、「発表会」や「クリスマス会」などのイベントは、「親バカ心」をくすぐる格好のツールになります。

子どもを楽しませて晴れの舞台に立つ機会を与えると、父親も母親も自分の子どもの姿を目を凝らして見ています。これは、幼稚園や学校での運動会や発表会などを思い出してもらえれば分かると思います。

先述したように、子どもは飽きやすいです。ただ、興味を持ったものは反復して練習します。発表会などのイベントは、こうした子どもの性質を上手に使うツールでもあります。

また親も、自分の子どもが「目立ち」、さらに「日ごろの成果」を見せてもらえれば、悪い気はしません。子ども英会話では、どうしてもお母さまが「今何をやっているのだろう？」「本当にうちの子は、英語できるようになっているのだろうか？」と不安になりがちです。発表会のような機会は、まさにそういった不安を解消するにはもってこいなのです。

さらに、「クリスマス会」のようなイベントは、友達を連れてきてもらうには最適です。ここで友達を参加させれば、そこから入会につなげることができます。

私のスクールでは、春休みは「オーストラリアへの短期海外学習」や「東京ディズニーリゾート2泊3日」を、夏休みには「2泊3日の北海道キャンプ」や「1泊2日のサマーキャンプ」や「カナダへの短期海外学習」、冬休みには「2泊3日のスキーキャンプ」などを実施していました。

オーストラリアやカナダはスクールスタッフによる引率で、期間も2週間程度と短いものですが、実際にホームステイをして海外の雰囲気に触れて感受性の高い年齢層の子どもにとっては大きな刺激になります。

このようにいろいろなイベントがあると、確実に子どもの興味を引けます。

たとえば、地方からではなかなか家族で行く機会がない東京ディズニーリゾートに行けるというだけでも、子どもには決め手になる場合があります。

ここまでのイベントを行おうとすると、いろいろな段取りから引率まで必要になり、たしかに楽ではありません。しかし、こういったイベントを通じ子どもたちに英語以外のものを伝えることができると思います。

特に「一泊二日のサマーキャンプ」では自然に触れ、日常体験しないことを経験することにより、感情や情緒を育み、創造的で、個性的なこころの働きを豊かにするための情操教育も行うことができるはずです。

また講師と長時間接することにより、普段レッスンだけではできないコミュニケーションもとれ、より親近感や信頼感を増すことができるようになり、スクールにとっては生徒の退会防止や継続率アップにつながっていきます。

実際に私のスクールでもイベント参加者は継続率が高いというデータが出てました。

子どもやお母さまに喜ばれ、しかもスクール側にもメリットがあるのですから、少しでもやってみない手はありません（コストについては9-3を参照）。

外国人講師がいるか？

英会話を習うには「絶対にネイティブの先生でなければダメ！」と思っていませんか？

私がこの業界に入った10年前には「先生は外国人ですか？」という質問はほとんどありませんでした。しかし今では、80%くらいの人がこの質問をします。

では果たして、講師は絶対に外国人がいいのでしょうか？

私の答えは「ノー！」です。

私のスクールも日本人と外国人の両方の講師がいましたが、それぞれの役割は分けていました。そして、メインは日本人講師にしていました。

やはり、子ども英会話スクールですから「痒いところに手が届く」的な講師が必要だと考えます。

もし些細なことで、子どもが教室に通うことがイヤになってしまったら、またもし自分の意思が伝わらず、英語が嫌いになったら、英会話スクールの存在意義が問われることになります。なかには、子ども好きで気遣いのある外国人講師もいますが、やはり「痒いところに手が届く」日本人講師をお勧めします。

しかし、保護者は外国人講師がいる、いないにこだわります。外国人講師を何名かは在籍させておきましょう。

外国人講師には、英語そのものの学習効果を上げるというよりも、英語の背景にある文化や習慣、風習などに触れることで英語学習に深みを与える役目を与えます。外国人講師に触れることで、英語のバックグランドを肌で感じてもらうわけです。

普段とちょっと違う外国人講師に接することで、子どもたちはみな興奮して楽しみ、日々のレッスンの励みにもなっていきます。

入会時のプレゼントはあるか？

あなたのスクールでは、入会時に生徒に何かプレゼントをあげていますか？

私のスクールでは、まずキャラクターを作り、それをイメージ戦略に使うとともに、プレゼント用のグッズにも使用していました。

子どもはちょっとしたプレゼントで入会を決めることが少なくありません。たとえば、家族で外食に行ったときに、帰り際にお店から子どもに「アメ」とか「ちょっとしたおもちゃ」を渡されることがありますが、子どもはちゃんとそのことを覚えているものです。ですから、次に家族で外食しようとしたとき、子どもはプレゼントをもらえたお店に行きたがったりします。

些細なことかもしれませんが、子どもはこのようなプレゼントをすごく喜びます。

私はいつも子どもが使えるものを渡すようにしていました。具体的には、「ＡＢＣの下敷き」

や「ノート」「ファイル」など、小学校でも使えるものをプレゼントにしていたのですが、実はこれにも訳があります。

　小学校でキャラクター入りの「ＡＢＣの下敷き」や「ノート」を使っていれば、他の子どもが関心を示します。ここで、口コミが発生するわけです。高価なものじゃなくてもいいのです。１００円程度のものをプレゼントすることを考えてみてください。

5-2

選ばれる子ども英会話スクール講師

ベテラン講師と新米講師

ここではSさんとHさんという2人の講師に登場してもらいます。

Sさんは、英会話講師歴18年のベテラン講師です。レッスン研修にも積極的に参加する熱心な方です。また生徒募集にも非常に前向きで、何でも嫌がらずにやります。

レッスンは、研修担当者もすばらしいと感じるほどで、さすがベテランと思われています。

Sさんは、じっとしていることがなかなかできない未就園児や幼児の生徒を、きっちりと座らせレッスンをすることができ、お母さま方からは感動の声まで寄せられます。

一方のHさんは、講師歴1年未満の新米講師です。大学を卒業後、スクールに入社して講師になりました。レッスン研修では、覚えなくてはならないことが多く、まだまだという感じです。しかしいつも明るく、一生懸命なレッスンをします。

ときには、子どもたちをコントロールすることができずにレッスンが中断することもありますが、子どもたちと一緒に歌ったり、踊ったりといつも楽しそうなレッスンをします。お母さま方は、そんなお子さまを見て、いつも微笑んでいます。

退会・友達紹介も対照的な結果

このように、SさんとHさんは全く対照的な講師です。そして退会や友達紹介に関しても、2人は対照的な結果を出しています。

ここで質問します。あなたは次の2人はどちらがSさんで、どちらがHさんだと思いますか?

・退会率

講師X……1年間で退会者が生徒全体の数%に留まっている。

講師Y……退会者は20%を越えている。

・友達紹介

講師X……キャンペーンを行えば、必ず5名以上の生徒の友人が来て、キャンペーンのない時期でも毎月1、2名の紹介がある。

講師Y……キャンペーンを行っても、なかなか紹介がなく、1、2名ほどに留まっている。

正解は、前者がHさんで、後者がSさんです。「えっ?」と思われる方もいるかもしれません。それも当然です。実際に会社を経営する側の人間でも、この結果を見て不思議に思ったくらいですから。

しかしよく考えてみると、これには理由があるのです。Hさんは新米である分、一生懸命生徒たちに接しました。またお母さま方にも気遣いをしました。教室への送り迎えのときも、自ら率先して外まで出て子どもたちを見送っていました。

また送り迎えの際に、同伴した兄弟にも積極的に話しかけコミュニケーションをとっていました。こうした姿勢が、子どもたちの絶対的な信頼を勝ち取っていったのです。そのため子どもたちは、Hさんのレッスンを毎回楽しみにして、喜んでレッスンを受けていました。

一方、Sさんはレッスンに関する知識、知恵はすばらしいものを持ち、お母さま方もそれを認めていました。

しかし子どもたちは、Sさんのレッスンを窮屈に感じていたのです。

Sさんは、子どもたちの3ヵ月後、半年後の成長を考えてレッスンをしていましたが、子どもたちにはそれを理解することができませんでした。

そのため「面白くないから行きたくない」と言い、退会する子どもがいました。

そんな状況に悩み、きっと肩に力が入りすぎたのでしょう。子どもたちから「怖い……」と言われるようになってしまったのです。

誤解しないでいただきたいのですが、私はHさんがよくて、Sさんが悪いと言っているのではありません。Sさんには、Sさんのいいところも悪いところもあります。同じようにHさんには、Hさんのいいところもあり、悪いところもあります。

私がいいたいのは、よいレッスンとは、それを誰が決めるのか、ということです。Sさんのレッスンは、会社はもちろん、お母さま方からもよいレッスンと考えられていましたが、肝心の生徒である子どもからはそうは思われていませんでした。

これに対し、Hさんのレッスンは、子どもからはよいレッスンと思われ、お母さま方からもそれなりの評価を得ていたものの、2年3年という長い目で見た場合、高い評価を受けつづけることはできません。

要するに、よいレッスンとは、講師や会社が決めるのではなく、お客さまが決めるものである、ということです。しかも、評価は形式的なものではなく、ホンネの部分でレッスンに対してどう思われているのかを把握しておかなければ、退会は止まることはありません。

ちなみに、その後Sさんは肩の力を抜いてレッスンを行い、子どもたちと親密に接していき、退会が減り、紹介も増えました。

またHさんはレッスン研修で知識をつけ、お母さま方から、「レッスンがすごくよくなった」と高い評価をいただき、安心して見ていられるレッスンができるようになりました。

第6章

授業料のチェックと回収法

～スクール経営の収入源、授業料の設定と回収方法～

6-1 スクールビジネスは経営しやすい？

お金に関する考え方

私のところに、よくこのような相談が寄せられます。

「授業料の回収がうまくいかないんです……」

「教育関連で、世間体もあるので、授業料のことは強く言えないいんです……」

「そんなに儲からなくても、何とかできればいいと思うんですが……」

「細々でも続けられて、生徒が喜んでくれれば、授業料の回収が悪くても……」

こうした考え方は教育産業特有なものなのか、授業料の回収に関する相談が後を立ちません。

英会話スクールを含め、月謝制でお金をいただく業態は、毎月継続的に現金収入があるため、比較的経営が安定しやすいといわれています。

実際に私が英会話スクールを経営していたときには、売り上げ規模4億円で、未回収は0円でした。

私が役員をしていた大手英会話スクールでは、授業料収入が年間15億円以上あったのですが、2年間の未回収はたったの1万円ほどでした。

しかし、本来継続的に入ってくるはずのお金が入ってこないとしたら、これは大変なことです。もはや安定的とはいえなくなってしまいます。

そこで、ここでは「お金に関すること」についてお話していきます。

ストレートにお金について述べると、ちょっと引いてしまう方もいらっしゃるかもしれません。

しかし個人であれ法人であれ、授業料で経営を成り立たせている以上、スクールはりっぱな商売であるという認識を持つ必要があります。

授業料を無料として、ボランティアでレッスンを行っているのであれば話は別ですが、お金をいただいて、サービスを提供しているのであれば、それは純然たるサービス業であり、あなたはプロということになります。

もし教えることのプロとしての自覚があれば、対価としてのお金をもらうことをためらう必要はありません。

仮にあなたに教えることのプロとして何らかの問題があり、お金をもらうに値しないレッスンをしているのであれば、お金をもらうことにためらいを感じてしまうかもしれませんが、プロとしての自覚があるのであれば、授業料をお客さまからいただくことは当然のことなのです。レッスンというサービスを提供している以上、授業料を回収するのは当然の権利です。

また、ボランティアでレッスンを行えば、生徒は無料で教えてもらっているため、なかなかレッスンについて意見を出してはくれません。そうなればレッスンや講師のレベルアップも望めません。

お金をもらって初めて責任感が生まれ、レッスンや講師のレベルも上がっていくのです。

さらに、お金が儲かれば、スクールの施設をより充実させることができます。

ところが、日本人（特に教育関連の仕事をしている日本人）は、お金儲けに対して罪悪感を持ってしまいがちです。

しかし、授業料をきちんと回収し、利益を追求しなければ経営を存続できなくなります。そうなったら、結局は大切なお客さまに迷惑をかけることになるのです。

実際に私は、授業料回収や利益の追求を怠ったために、数多くの実力のあるスクールが経営不能になり、そのスクールのファンであったお客さまが路頭に迷うという姿を見てきました。

また最近では、新聞紙上でも、倒産したスクールの記事を目にすることが多くなりました。

これほど、悲しく辛いことはありません。

もし、お金に対して罪悪感があるのであれば、獲得した利益を自分に還元するのではなく、生徒であるお客さまに還元すればよいでしょう。

そうすれば、お客さまに喜ばれ、あなたのスクールはますます繁栄するのではないでしょうか。

そのためにも、授業料の回収は確実に行っていく必要があります。経験上、授業料の未納回収は、時間が経てば経つほど難しくなります。後ほど私が行った授業料の回収方法についてお話しますが、回収は早めに行うことです。今からでも遅くありません。授業料回収に関するマニュアルをしっかりと整備して利益を追求し、健全なスクール運営をしていきましょう。

それが、あなたのためにもなり、さらにはお客さまである生徒のためにもなるのですから。

6-2
安直に決めてはいけない授業料

授業料は安いほうがいい？

やはり授業料は安い方が生徒を集めやすいのでしょうか？

こういったご相談をよく受けます。確かにどのような商品でも、消費者は「価格は安く」と願っています。高いほうがいいと思っている人は、そういないでしょう。

では安くすれば、それだけで売れるのかといったら、そうではありません。高ければ売れないということもありません。高くても売れているものはたくさんあります。

この点について、もう少し突っ込んでいきましょう。

「授業料を安くすれば、簡単に生徒が集まるのか」といえば、正直な話、ただ安くしただけではなかなか集まりません。

やり方次第で、生徒を大量に集めることは可能ですが、やり方を間違えてしまうと、スクールの経営を圧迫しかねません。

実は「安い＝売れる」と考え、それを実践し成功した例があります。その典型的な例は昔のダイエーです。

かつてダイエーは、「地域安売り一番店」をコンセプトに価格破壊を続け、販売を拡大していきました。

そしてこの価格破壊は、やがて「ハンバーガー」や「牛丼」など他の業界にも波及し、マクドナルドや吉野家も販売を拡大していきました。このように「安さ」を売りにして、商売を拡大していくことは可能なのです。

しかし、商品が売れない原因を価格に求め、値下げをすれば売れる、と勘違いしてはいけません。

「安さ」だけを売りにしていては、商品は簡単には売れないからです。消費者が商品を買うのは、商品の価値が、価格よりも高いと感じたときです。ですから、商品に感じる価値を価格より高めることこそが重要なのです。

要するに、安易に値下げする前に、「なぜ、この商品はこの価格では売れないのだろうか」と原因を追究する、ということです。この点を怠ったのが、先ほどお話ししたダイエーでした。とにかく商品が売れないのは、「他のお店より高いからだ!」と考え、販売価格を下げつづけ、行き詰まったのです。

それでは教育業界ではどうでしょうか。

ダイエーのように「格安」をコンセプトにして経営を拡大できるのか、ですが、結論からいいますと『できる』と思います。

事実、私は「授業料が格安」をコンセプトに成人クラスを開講し、5ヵ所の教室で午前中、10時から12時までだけのレッスンで500名を越える生徒を集めたことがあります。

しかし、生徒が集まらないのは授業料が高いからと考え、安易に授業料の値下げを行うことは避けるべきです。私が行った「授業料の格安」は、単なる授業料の値下げではありません。

生徒が集まらないからという理由で値下げしたのではなく、子ども英会話のレッスンが始まる前の午前中の時間帯を、何とか外国人講師の有効活用に使えないかと考え、値下げしたのです。午前中にレッスンを設けたからといって人件費が余分にかかるわけでもありませんし、家賃も余分にかかるわけではありません。そのため授業料を他のスクールの半額以下にできたのです。

もし生徒が集まらないからといって、私が安易に授業料の値下げを行い、格安の成人クラスを開講していれば、レッスンの質を下げるばかりではなく、生徒が集まらない原因を追究しなくなったと思います。また、むやみに価格を下げると、やがて価格競争を引き起こし、スクールの体力を失うことになったでしょう。

また利益を考えずに値下げを行うと、最終的に商売そのものがうまくいかなくなります。一時は良くても、それを継続するのは困難です。商売は継続できなければ意味がありません。

確かに「授業料は安い」ほうがインパクトがあり、消費者の関心を引くことができます。そのため他のスクールより少しでも安価にしようと考えるのは仕方ないことかもしれません。

しかし、たとえ他のスクールより安価な授業料を設定するにしても、その収入でスクールをしっかりと運営できる金額に収めなくてはなりません。

「安価な授業料」にするために、講師やレッスンの質を落とし、スクールの環境まで悪化させることにならないようにしなければいけません。

では、「安価な授業料」は「スクール展開拡大」や「スクール継続」にはつながらないのでしょうか。

授業料の安さは、消費者にインパクトを与えますので、この方法を取りたいと考えるスクール経営者もいらっしゃると思います。

授業料の安さをコンセプトにした場合、どのような戦略をとればいいのでしょうか。

方法はいくつかあります。先ほど私が実践した方法もひとつですが、その他にも「フロントエンド商品とバックエンド商品」という考え方をもとに行うこともできます。

フロントエンド商品とは、簡単にいえば集客用の商品のことです。一般的には比較的安価に価格設定された商品で、いわゆる「目玉商品」のことです。

一方、バックエンド商品とは、本当に売りたい商品のことであり、一般的には利益の高い商品を指します。

両者は、フロントエンド商品で引きつけておき、バックエンド商品の販売につなげるという関係です。

これをスクールに当てはめると、フロントエンド商品として安価で短期間のスポット講座を設けます。

これが「目玉講座」（目玉商品）になります。この安価な目玉講座を広告などで大々的に宣伝すれば、消費者にインパクトを与えることができます。また目玉講座では、基本的に利益を追求しません。赤字になることは避けたいですが、消費者を集客するという宣伝広告費と考えれば、赤字覚悟で行ってもよいでしょう。

ただし、赤字覚悟の場合は、スクールの体力、資金を考慮した上で実行する必要があります。

次に「目玉講座」で集客したお客さまを、バックエンド商品、すなわち利益の上がる講座につなげていきます。その際には事前に利益の出る講座を作っておかなければなりませんので、この点には注意してください。

たとえば、対象が子どもの場合であれば、夏休みに「英語で遊ぼう！夏休み特別企画」といった講座を考え、安価でインパクトのあるフロントエンド商品（目玉商品）にします。そして集客した子どもたちを、通常の毎週行っているレッスン（バックエンド商品）へ繋げていきます。

このように「授業料格安」をコンセプトに行っても、やり方次第ではうまくいきます。

しかし、何度もくどいようですが、インパクト重視の安易な格安授業は行わないようにしなければいけません。しっかりと利益を確保できるやり方を考えてからでないと、格安授業料の導入はお勧めしません。

安い授業料で、多くのお客さまがレッスンを受けられるのはすばらしいことです。しかし安くて、質の悪いレッスンになるのであれば、行わない方がよいでしょう。たとえ高額なレッスンでも、その金額に見合うだけの充実した内容であれば、それはすばらしいことだと思います。

結局、授業料は安くても質の悪いレッスンであれば、生徒募集もスクール展開もうまくいきません。また授業料が高額でも、お客さまがその金額以上の価値があると感じれば、生徒募集もスクール展開もうまくいきます。たんに授業料が安ければいいというのではなく、価格に見合った価値を消費者に与えることができるかどうかがポイントになる、ということです。

それでは「授業料は安いほうがいい？」の質問に対する答えをまとめてみましょう。

▼低価格は消費者にインパクトを与えることはできますが、採算性を考慮しなければ、経営が悪化し、最終的にはお客さまにも迷惑をかけることになります。また、価格が高いか安いかは、お客さまがレッスンに感じる価値との関係で決まるため、一概にいくらなら高い、安いとはいえません。

結局、低価格は「いい」というより、営業上のひとつの方法として考えるべきです。

▼消費者に認知してもらうために、あえて授業料を安く設定して、多くの消費者にインパクトを与えるのであれば、フロントエンドとバックエンドの考え方を使うという方法があります。

また、採算性を考え、レッスン時間を短縮したり、一クラスのレッスン参加人数を増やしたりするなどすれば、低価格も可能です。

6-3 授業料の設定方法

地域比較による設定方法

「授業料はいくらくらい?」

この質問を個人英会話スクールの経営者に投げかけた結果の統計があります。

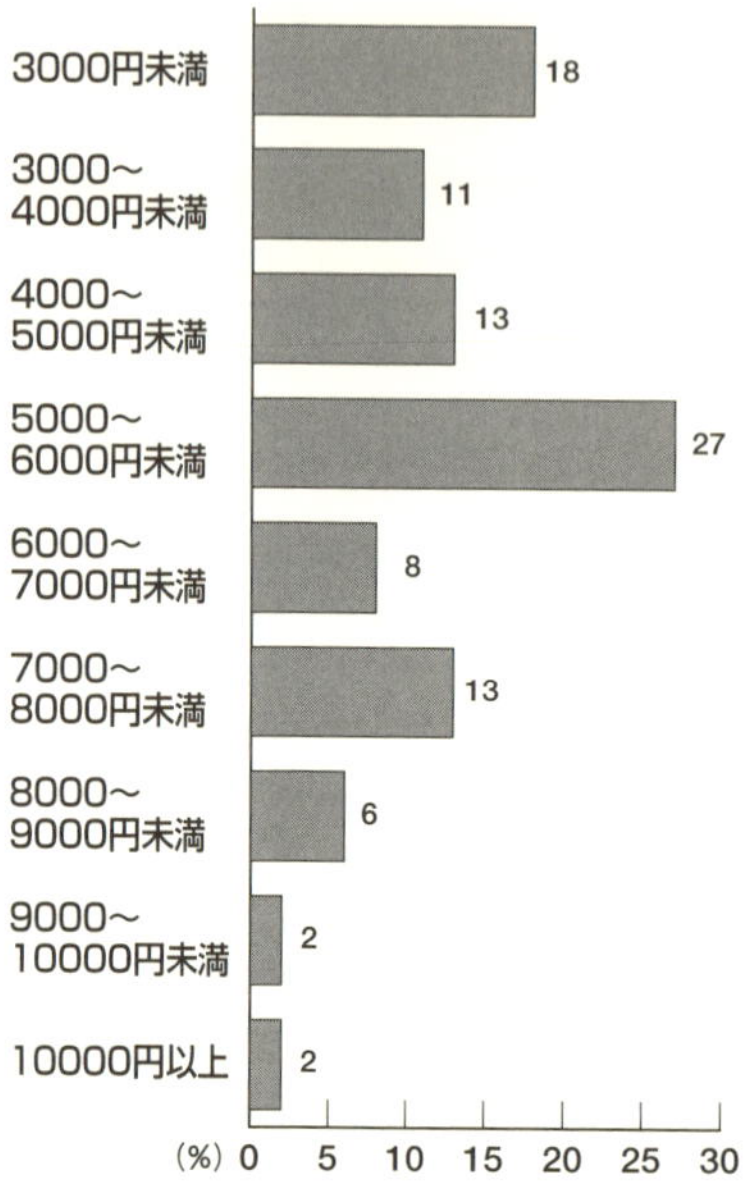

この統計では平均の授業料は5000円となっています。

自営の英会話スクールなど、自分で授業料を設定できる場合、地域性や他のスクールとの兼ね合いを考慮し、また高額になり過ぎないように配慮するスクールが多いようです。

最初にお客様の目が行くのが授業料です。しかし、だからといって、周囲の相場に合わせているだけで本当にいいのでしょうか?

そこで、授業料の設定について紹介しましょう。

まず授業料の設定で一番良く使われている方法として、地域の同業スクールと比較して設定するやり方があります。

この場合、自分が開校している、または開校をしようと考えている地域のなかで、一番多く生徒を集めているスクールの授業料を調べ、その金額と同額か若しくは若干低く料金を設定します。

これは、一番生徒が多いスクールを基準とした料金設定方法といえます。

先述したように、他スクールとの兼ね合いで、このような授業料設定をしなければいけないこともあります。しかし、他スクールとの何らかの差別化ができなければ、この授業料設定の方法では、生徒募集は難しいと考えられます。

利益逆算による設定方法

利益から逆算して授業料を設定する方法があります。まず概算で必要経費を算出します。

たとえば、家賃が15万円、光熱費が1万円、通信費が1万円、宣伝広告費が5万円、そして講師料（個人の場合は利益で考えます）が15万円、その他の経費が5万円だとすると、合計で42万円です。そして、ここから最低募集生徒人数を割り出します。その最低人数が採算分岐点です。もし最低人数を60名と考えれば、経費の42万円をまかなう授業料は7000円です。採算分岐点である最低募集生徒人数を少なく見積もれば、その分、授業料は上がってきます。

この設定方法ならば、その地域の他スクールの授業料とは関係なく、自スクールでどれだけの生徒を集められるかに焦点を当てて考えることができます。

もう一歩先の授業料の設定の仕方とは

私も、英会話スクールなどの立ち上げ時期からコンサルティングに関わると、授業料設定には気を使います。

立ち上げるスクールが、同業他スクールとの差別化を図れる場合は、先の「利益逆算による設定方式」で授業料を設定しますが、差別化を図ることができない場合は、スクールに次のことを要望しています。

▼他スクールにない強みを作る
▼授業料で差別化を図る
▼授業料設定を何通りか作る

もちろん、他スクールにない強みを作ることができれば問題はありませんが、そう簡単にはできません。

その場合は、授業料を一気に「高額にするか」「低額にするか」を考えます。

最近「二極化時代」(二極化とは「低価格層」と「高価格層」に分かれること)とよく言われますが、こうした時代に一番不利になるのは、他スクールと同じような価格を続けることです。

逆にいえば、現在は料金を低くするか高くするが従来よりもしやすくなっているといえます。そして、どちらの価格帯の消費者をターゲットにするかを考え、それにマッチしたレッスンを作っていくことができます。たとえば、英会話スクールの開校予定地域、またはスクールを開校している地域の消費者が、まだ英語に関する必要性をあまり感じていなかったり、幼稚園で英語教育が導入されていなかったり、小学校での英語教育の導入が積極的ではないなどだったら、英語を普及させるという意味で、授業料は低めに設定します。

しかし、多くの経営者は低額にすることにより、資金繰りが厳しくなることを恐れます。

そのようなときは、授業料の金額設定を増やすという手を考えます。要するに、低額クラスもあり、スタンダードクラスもあり、高額クラスもあるという具合にするわけです。もちろんレッスンの内容も金額によって変えます。

たとえば、低額であればグループレッスンの参加人数を増やし、レッスン時間を短くして採算性を上げます。またレベルに合わせ、レッスン内容をより専門的にすることにより付加価値を高めれば、高額なレッスンもできます。

このように、ひとつの価格だけでなく、ふたつ以上の価格を設定し選択肢を増やします。

人は、選択肢がひとつしかないと「買うか買わないか」を悩みますが、ふたつ以上の選択肢があると「どれを買うか」で悩むようになります。

6-4

未回収ゼロへ

授業料の回収方法

私が経営したスクールの授業料の未納はゼロでした。従って、貸し倒れも0円でした。年間払い、2ヵ月前払いなどは行わず、毎月授業料を徴収するシステムでしたので、この驚異的な数字を不思議に思ったのでしょう。いろいろな会社の方がノウハウを聞いてきました。

では、どのように回収すれば、未納を防げるのでしょうか？　この点について見ていきましょう。

まずは授業料の回収の仕方ですが、これには次のような方法があります。

▼月謝袋を活用する方法
▼指定口座に振込んでもらう方法
▼代金回収業者に依頼をする方法

次に、これらの方法のメリットとデメリットを整理してみましょう。

▼月謝袋を活用する方法

○メリット

・いつからでも導入できる。
・生徒からの手渡しのため、毎月必ず顔を合わせてコミュニケーションが取れる。
・金額の変更などについて、その都度説明ができるためトラブルが少なくなる。

×デメリット

・多額の現金を預かるため、セキュリティー上問題が起きる可能性がある。

・生徒数が増えると管理が煩雑になり、ミスが起きやすくなる。

・毎回の受け渡しに時間と労力を要する。

・授業料の入金日がばらつくため、資金繰りが管理しにくい。

▼指定口座に振込んでもらう方法

○メリット

・口座があればいつからでも導入できる。

・振込みのため、講師による横領、多額の現金を持つことによる窃盗被害など、セキュリティー上問題が発生しにくい。

×デメリット

・生徒数が増えると管理が煩雑になり、ミスが起きやすくなる。

・振込み手数料の負担がかかる。

・生徒にわざわざ振込みに行ってもらわなければいけない。

・授業料の入金日がばらつくため、資金繰りが管理しにくい。

▼代金回収業者に依頼する方法

○メリット

・授業料の入金日が決まるため、資金繰りの管理がやりやすい。

・引落し結果を一覧で確認できる。

・生徒数が増えても管理が煩雑にならずにすみ、ミスが起きにくくなる。

・引落しのため、講師による横領、多額の現金を持つことによる窃盗被害などセキュリティー上問題が発生しにくい。

・未納が少なくなる。

×デメリット

・手続きに一定の期間が必要になり、すぐに引落しができない。

・引落し手数料の負担がかかる。
・引落しデータの入力作業に締め切りがあるため、引落し中止や引落し金額の変更が簡単にできない。

このようにどの方法にもメリットとデメリットがあるので、これらを考慮した上で、自スクールにあった徴収方法を決めてください。

私が行った回収率100%の方法

それでは、実際に私が行った授業料回収方法について紹介していきます。

まず、私は代金回収をすべて代行業者に依頼しました。代行では引落し手数料がかかるデメリットがありますが、未納による貸し倒れを考えれば、手数料は決して高くはありません。

指定口座への振込みや月謝袋による回収システムでは、お客さまに面倒をかけますし、忘れる場合もあります。さらに、生徒の人数が多くなると、授業料の回収管理の事務負担はかなりのものになります。その際に発生する人件費を考えれば、引落し手数料は充分ペイできます。

代金回収代行業者は、銀行系とクレジット会社系などがあり、引落し手数料は1名の引落しに対して、100~150円くらいです。しかし、この手数料も生徒の人数が増え、引落し件数がまとまってくれれば、業者に対し金額交渉をすることも可能になります。私の場合、１名の引落し手数料は60円程度まで下がりました。

年会費制を導入することで、その経費内訳に引落し手数料を組み込み、スクール側の負担をなくすこともできます。いずれにしても、代行業者を利用すれば、月に一度まとまって授業料が入金されるため、収入も把握しやすく資金繰りも楽になり、金融機関への信頼度も増します。

こうしたメリットを考え、代金回収業者へ依頼をします。しかし代金回収業者を利用しただけでは、授業料の未納率は０％にはなりません。

私の場合、引落しで回収できたのは平均97％で、残り３％は残高不足などの理由で引落し不能になりました。この残り３％の回収方法ですが、実はここに最大の秘訣があります。

まずは、講師に授業料回収を徹底させます。業者より引落し結果が届き次第、すぐに講師別の未納者リストを出し、各講師に伝えます。また各講師の報酬は、授業料が入金されなければその分は支払わないようにしました。たとえば、100名の生徒を受持っていても、授業料が97名分しか入金されなければ、97名分の報酬しか支払わない、ということです。これは講師との報酬契約が、時間給や日給ではなく、生徒１名につきいくらという歩合給だからできたことですが、これにより、講師は回収に力を入れるようになります。会社としても、３日以内に未納者へ連絡を入れましたが、未回収をゼロにしたのは、講師の果たした役割が大きかったと思います。

再三講師から連絡しているにもかかわらず、授業料の入金がない場合、私はまず講師以外の社員にその生徒の家を訪問させました。その後、内容証明を送り、少額訴訟も辞さないことを伝えます。確かに授業料よりもその作業に人件費や手間の方がかかります。しかし、会社として絶対に未納は許さない姿勢を社員や講師、生徒に示す意味では十分に意義があります。

ここまで徹底することが、未納０％を達成させるポイントなのです。

年払いなどまとめ払いのワナ

私はあえて授業料の年払いなどのまとめ払いを導入しませんでした。確かに毎月授業料の管理をするより3ヵ月払いや半年払い、あるいは年払いにしてまとめて授業料を管理した方が、手間もかかりません。また、お客さまからもまとめて払いたいというご意見をいただくこともありましたが、この点は曲げませんでした。

これには理由がありました。私の会社は毎月の授業料によって資金繰りを考えていたからです。そのためには、毎月入金される授業料の範囲内に1ヵ月の支出を抑えるようにしなければなりません。

年払いにすれば、まとまって現金が銀行口座に入ります。確かに悪い気はしませんが、そのお金を1年間で12分割して使うことは非常に難しいと考えたのです。

これは2007年10月におきた英会話スクール最大手であるNOVAの事例でも分かります。NOVAの場合は年払いというシステムはありませんが、まとめて授業料を回収していました。しかし実際に会社更生法が適用された際には、本来残っているはずの前払い分の授業料、つまり生徒がレッスンをまだ受けていない分の授業料がありませんでした。そのため、途中で退会をした生徒に前払い授業料を返すことができませんでした。

私も人間ですから、間違いがあると思います。その間違いをできる限り起こさないように事前に制御したかったので、まとめ払い方式は採用しませんでした。資金繰りに使ってもよいお金と、使ってはいけないお金というものがあります。この点を間違えてしまうと、どれだけ生徒数が多くても、またスクール経営が黒字であったとしても、経営に赤信号が灯りはじめます。

第7章

生徒の退会に対する考え方を知ろう

～生徒がやめないために必要なこと～

7-1 退会対策は入会後の3カ月間が勝負

入会直後のレッスンは体験レッスンの延長!?

最初に質問します。

- ▼あなたのスクールでは、退会者の統計を取っていますか？
- ▼生徒の平均在籍年数はどれくらいですか？
- ▼講師ごとの退会率はわかっていますか？
- ▼あなたのスクールの退会受付の仕方はどのようになっていますか？
- ▼退会止めのトークはありますか？
- ▼退会者のデータはまとめてありますか？
- ▼まとめたデータを活用していますか？
さて、あなたのスクールでは上にあげた項目のうち、いくつできていますか？

英会話をはじめとするスクールは、学校のような義務教育ではありません。あくまでお客さまが自由に選び、教室に通います。やめることも自由です。

だからこそ、やめていくお客さまをいかに減らすことができるかはとても重要で、スクール経営のなかでかなりの比重を占めます。新規にお客さまを募集するのと同じ、あるいはそれ以上の比重を占めるといってもよいでしょう。

私も英会話スクールを設立したばかりのときに、退会者が非常に多く、減らすことができませんでした。先述したいろいろな工夫をすることで新規の生徒を急激に集めることができたのですが、当時は生徒募集にばかり目が向き、退会する生徒のことまで考えられなかったのです。

しかし、教室数が徐々に増えていくと、一教室あたりの退会者数が変わらなくても、スクール全体の退会者数は増えていきます。そして、次第に新規募集をかけても生徒があまり増えないようになってきました。これではスクールメリットならぬ、スケールデメリットです。

当時の年間退会率は40％に達していました（生徒人数が１００名なら、年間で40名退会するということです）。これでは、集めてもやめ、集めてもやめの繰り返しで、スクールの評判にも悪影響を及ぼしかねません。こうした事態になって、初めて退会防止対策に本腰をいれるようになったのです。

もともと退会したいという生徒に対するトークや退会防止マニュアルなどの退会防止のノウハウはありましたが、実際には、そのマニュアルでは対応しきれません。そこで、今までとは違う退会防止マニュアルを考え出さなければスクールは成長しないと思い、試行錯誤を繰り返しました。

私が新たな退会防止マニュアルを作成する過程で重要視したのは、退会者の心理でした。この退会者心理の把握と、それにどう対応したかについて述べましょう。

私の英会話スクールでは、退会者の60％は入会して３ヵ月以内の生徒でした。

あなたのスクールはどうでしょうか？

「いやいや、私のスクールは違いますよ」「あっ！そういえばすぐにやめる人が多いなぁ」というスクールもあるでしょう。

いずれにしても、まずは退会者の在籍期間をしっかり把握しておくことです。在籍期間を全く知らずに、ただやめてしまった、と後悔しても前には進めません。

多くの人がこのようなマイナスの事務作業を嫌い、怠ります。しかし、現実におきたことをしっかり把握しておかなければ、次につながりません。今後同じことがおきないように、まずはデータをしっかり収集しなくてはなりません。実際私も、最初はこの作業を疎かにし、退会者を増やしてしまったのです。

この点を反省し、私は入会後の3ヵ月のデータを整理し、次は6ヵ月、1年というサイクルでデータを見ていきました。その結果、私のスクールでは入会後3ヵ月でやめる生徒が多いことがわかりました。

では、なぜ入会後の3ヵ月で退会する生徒が多いのでしょうか？

それは、生徒がまだ体験レッスンの延長だと考えているからです。その場合、保護者や子どもたちは、「うちの子どもは、このスクールに合うのかしら？」「レッスンはどんなものなのだろう？」と教室やレッスン、講師を試しているのです。ですから、もしダメだと思ったら、すぐに退会してしまいます。

そこで私は、常に講師に「あなたたちが最終のクローザー（クロージングをする人）ですよ」と強く伝え、会議などでいつも言い続けました。

このことを講師が理解できないと、早期の退会は防げません。理由は先ほど述べたように、入会したばかりの生徒はレッスンを「体験レッスンの延長」と考えているからです。

さらに講師には、カリキュラムをこなすことばかりに執着せず、目の前の生徒のことを忘れないように気遣うよう指導しました。

つまり、レッスン終了後、お客さまである生徒が満足して教室を出られるか、また次のレッスンも笑顔で来てくれるか、1回、1回のレッスンが勝負になるということです。

私の場合、最初のころは賛否両論で、心から納得し賛同して行動に移す講師もいましたが、自分のレッスンに自信を持っている講師が次のような発言をしてきました。

「私たちのレッスンは一発勝負ではなく、1ヵ月か、もう少し長いタームで考えています。その場限り喜ぶだけのレッスンはできません」

私はこうした講師の考え方、気持ちを理解できないわけではありません。しかし、せっかく

1ヵ月の流れでレッスンを考えても、その前に生徒がやめてしまえば無意味です。このことを根気よく話し、理解してもらいました。

私の考えに賛同し実行した講師はすぐに退会者を減らしたので、現実を目の当たりにした他の講師も追随するようになりました。

さらに、レッスン以外では、講師に次のことを徹底させるようにしました。

▼入会決定後

初回レッスンの3日前までに、必ず講師より入会の案内の連絡を入れる。→※今後担当する講師より連絡を入れ、安心感を与える。

▼初回レッスン後

3日以内にレッスンについての連絡を入れる。→※初回のレッスン後はわからないこともでてくるので、その不安を取り除く。

▼入会1ヵ月間

毎回レッスン後、3日以内にレッスンについての連絡を入れる。→※レッスン以外で担当講師とコミュニケーションを取って、不安を取り除く。

まずこの三点を入会1ヵ月間に行いました。

さらにその都度、スクールの考え方や英語の必要性を話していきました。できれば最初の3ヵ月間は2週間に1度でもいいのでレッスン後に連絡を入れたほうがいいでしょう。

このように直接担当講師から連絡を入れることにより、生徒が不安材料を蓄積する前に取り除くことができます。ここでもザイオンス効果（3-1参照）を使い、生徒との接触頻度を上げることで安心感を与えました。

7-2 退会時に起きる深層心理

やめる前に歯止めになるものとは

英会話スクールのなかには高額な教材を販売するところもあります。私のスクールでは金額の大小にかかわらず教材の販売はしていませんでした。

それは、入会時に少しでも金銭的な負担を軽くするためでした。たとえば、小学校の同じクラスの仲のよい友達が英会話スクールに通っているとします。そして、その友達が「いっしょにスクールに行こうよ」と誘って、誘われた子どもが「○○ちゃんも行っているから行きたい！」と言ったとき、入会するために十数万円もする教材を購入しなければならないとしたら、どうでしょうか。

株式会社アルクが出版している『子ども英語カタログ』のデータでは、子どもを英会話スクールに通わせている割合は39%でした。ということは、まだ60%以上の子どもが英会話スクールに通っていないわけです。

この60%の子どもたちが気軽に英語に触れる機会を増やすためにはどうすればよいかを考え、私は金銭負担を軽くするために、あえて教材販売をしませんでした。

ところが、皮肉にもこのポリシーが退会者を増やす原因にもなっていました。

この点は少し理解しにくいかもしれませんので、どうして退会者を増やす原因になったか、その理由について述べます。

たとえば、あなたのお子さんが習字とピアノを習っているとします。習字を習うために習字セットを３０００円で買いました。またピアノを習うために、20万円のピアノも買いました。ところがその後、ふたつの習い事の時間帯が重なったり、あるいは何らかの理由でどちらかをやめなくてはいけなくなってしまいました。そのとき、どちらをやめて、どちらを続けるでしょうか？

ここで保護者に、ある深層心理が働きます。

それは初期（入会時）に払った金額、いわゆる初期投資の金額に関係します。習字は初期投資に３０００円、ピアノは20万円かかりました。習字をやめても、３０００円の習字セットを押入れなどに片付けるだけです。これに対し、ピアノをやめるとなると、20万円の使われないピアノが残ります。押入れに片付けるわけにもいきません。要するに、習字をやめても３０００円ですみますが、ピアノをやめると20万円がふいになる、ということです。

これが親御さんの深層心理です。子どもが「つまらない！　やめたい！」と言っても、習字の場合にはこうした金銭的な心理ははたらきません。しかしピアノの場合は違います。金銭的な心理がはたらき、簡単にはやめさせません。

これは子どもの習い事に限ったことではありません。たとえば、ゴルフセットをもらった場合と、自分で買った場合では、自分で買ったケースのほうが、ゴルフを簡単にはやめなくなりますよね。

こうした深層心理は英会話スクールの場合にもあてはまります。

すでにおわかりだと思いますが、この心理は初期投資の「教材」によって引き起こされます。教材が高額であればあるほど、そんなに簡単にはやめさせません。やめてしまうと、高額な教材が押入れの肥やしになってしまうからです。

こう考えると、高額な教材を販売したほうが退会者を減らすことができる、ということになります。教材がやめようとすることの歯止めになっているわけです。私が役員をしていた英会話スクールでは、入会時に十数万円もする教材を購入してもらい、退会率は年間で20％（1000名生徒がいる場合、1年間で200名退会すること）以下に抑えられていました。これに対し、私が立ち上げた英会話スクールでは、先述したように、退会率は40％に達していました。とはいえ、高額な教材を買ってスクールに通ってくれるお客さまは限られてしまいます。また入会してもらう際にも、かなりの営業力を必要とします。

そのため、退会の歯止めになる教材を販売せずに、退会者を抑えることを徹底的に考えるようにしたのですが、そのおかげで、お客さまがどのようなときにやめようと考えるかを確実に知ることができたのです。

誤解があると困りますので、お断りしておきますが、私は教材販売を否定しているわけではありません。本当は、家庭でも使える教材は必要だと考えています。それは、金額の大小にかかわらずにそう思っています。ただ、私のスクールではできる限り金銭負担を取り除き、気軽に入会できることをコンセプトにしたため、あえて教材を販売しなかっただけです。この点はくれぐれも誤解のないようにしてください。

話を戻しますが、私は教材販売を検討するときに、先に示したお客さまの心理を考慮しなかったわけではありません。しかし、教材販売はせず、そのかわりに「年会費」を導入しました。この点については後ほど詳しく紹介します。これは、「入会金」とは違い、毎年生徒からいただくものです。この「年会費」を徴収することによって、せっかく払ったのだから、途中でやめるのはもったいない、と無言で語りかけたのです。これは「教材販売」と同じ効果を生みます。

7-3

入会してからおきる「3つの不満」

しかし、この退会理由は、入会以前からと、入会してからの3ヵ月以内の対応によって少なくすることができます。対応の仕方次第で現在の退会率を50％は下げられると思います。

そのためには、まずどうしてこのような退会理由が口をついて出てくるかを把握する必要があります。

これが退会三大理由

退会理由で最も多いのは次の3つです。

▼距離が遠くて……
　↓【距離に対する不満】

▼実はお金がなくて……
　↓【金銭に対する不満】

▼子どもが行きたがらないので……
　↓【スクールに対する不満】

この3つは、三大退会理由ですが、同時にクロージングの際に出てくる「入会しない理由」にもなっています。

距離に対する不満

体験レッスンのときはさほど感じなかったスクールまでの距離も、毎週となると遠く感じるようになる生徒がいます。これは徒歩での送迎にかぎらず、自転車や車で送迎していてもおきます。

また、車で送迎している人からみれば、自転車で送迎できる人が遠いとは思えませんし、歩きで送迎できる人はなおさらです。距離の感覚は人によって異なります。たった500メートルの歩きの送迎でも、人によっては遠いと感じます。

実は、遠いと感じるのは、単に距離が長いからだけでなく、行く場所の価値にも左右されます。わざわざそこまで行くことに価値がないと判断すると、遠いと感じます。たとえば、本当に欲しいものがある場合、電車に乗って30分や1時間かけて買いにいくこともありますし、1キロ先のスーパーで特売をしていれば、そこまで買い物に行くこともあります。

もし親や生徒から「距離に対する不満」が出たら、通っているスクールに、あまり価値を感じていない可能性があります。

生徒から「遠い」と言われたときに、「他の人はもっと遠くから通っている」とか、「全然遠くありませんよ」などと説得しても、あまり効果はありません。

大切なことは、「遠い」と言われる前に、生徒に継続してスクールに通うことの意味をこまめに伝え、送迎する保護者には、スクールに通うことで子どもが成長することを伝えていくことです。

金銭に対する不満

「金銭に対する不満」については、実際に金銭的に問題を抱えている場合もありますので注意してください。

人は本当に必要なものにはお金を出します。これはお金を持っている、持っていないは、あまり関係ないと思います。

しかし、お金がなければ、必要なものに優先順位をつけます。まずは、衣・食・住が先にきます。このあとにそれ以外のものが続きます。

ですから、もし「金銭に対する不満」が出たら、生徒や保護者は「このスクールに払うお金はもったいない。もっと別のことに使いたい」と感じている可能性があります。もっとはっきり言えば、「それだけのお金を払う価値がなく、必要ない」ということです。きつい言い方ではありますが、そうした可能性があるということです。

では、なぜそのように思ってしまうのでしょうか。これには次のような理由が考えられます。

▼成果がみられない

▼英語の必要性をしっかりと理解してもらっていない

▼他のスクールのほうが安く通えることがわかった

他にもいろいろとあると思いますが、最大の問題は、生徒に「なぜ英語が必要なのか」を、講師を含めたスクール側がしっかりと伝えているかどうかです。たとえば、英語を継続することの大切さや今後の英語に対する必要性、たとえば大学入試センター試験でのリスニング導入や企業のＴＯＥＩＣ査定などをこまめに伝えているかどうかということです。

もしも講師が、その日のレッスンをこなすことだけが仕事であると思っているなら、大きな間違いです。その考えを変えなければ、退会者は絶対に減りません。質の良いレッスンを提供することは必要条件ではありますが、退会防止の充分条件を満たしていないのです。

金銭に対する感じ方は、距離の感じ方と同じで人それぞれです。１００円でも高いと思う人もいれば、１００万円でも安いと思う人もいます。お客さまは、スクールにかかる費用の「相場」というものを知っているようで、案外知りません。そのため、他の知っているものの値段と比較します。

たとえば、「本」があります。１冊１０００円から２０００円ほどで買える本に「これ１冊で英語はマスターできる！」と書いてあれば、「１ヵ月あたり１００００円の授業料は、なんて高いのだろう！」と思ってしまいます。

これが、お客さまの深層心理です。

しかし、本では得ることのできないものが、スクールにはあるはずです。その価値を理解してもらうためにも、生徒とのコミュニケーションをとらなければいけません。

他のスクールが安いからそちらに移りますという人は、どこの英会話スクールもやっていることは同じだから、安いほうがいいと思っています。

これは、スクールの特徴や他スクールとの違いを全く理解してもらっていない証拠です。

金銭に対する発言が出たあとにスクールの価値を説明するより、このような発言が出る前にきちんと伝えておきましょう。

スクールに対する不満

子どもはいろいろなことに興味を示す一方で、「飽き性」でもあります。

本来、子どもがスクールに行きたがらなければ、親が行かせる方法を考えなければいけません。幼稚園や保育園、小学校に行きたくないから行かせないとか、やめます、ではどうしようもありませんよね。

しかし現実には、子どもがスクールには行きたくないと言ったら、やめてしまうケースがあります。

保護者は言います。「子どもが嫌がっているのに、無理に行かせて、子どもが英語嫌いになったら困るから……」と。

それでは、幼稚園・保育園や小学校はどうなのでしょう？

「子どもが嫌がっているのに、無理に行かせて、子どもが幼稚園（保育園・小学校）嫌いになったら困るから……」と言うのでしょうか？

いいえ、そんなことはありません。ちゃんと行かせますよね。もし行かせなければ、不登校のいわゆる引きこもりになってしまいます。

お客さまは、幼稚園や小学校は行くことは当たり前だと思っています。しかし習い事である英会話スクールに関しては、行くことが当たり前とは思っていません。

確かに、今のお母さま方は、「英語は小さいうちから始めた方がよい」と思っています。ですから英語を始める年齢が低年齢化しています。しかし、無理をしてまで行かせることはないとも思っています。

そこで、大脳生理学の考え方から、英語脳力を磨きながら、英語能力を伸ばしていくことや子どものころは聴力・発音の器官が柔軟であることにより、小さいうちから英語を始める意義や重要性をしっかりと理解してもらうようにしなければいけません。

7-4

退会を防止する方法

通い続ける目的をつくる

退会者を減らすためには、生徒がやめますと言う前に手を打つことです。これは私のスクールのデータですが、退会依頼が出た場合、それを食い止めて、通い続ける生徒の割合は半分以下になります。それだけ一度やめると決めたことを、ひっくり返すのは困難ということです。

重要なのは先述したように、生徒がやめようと思い、退会依頼が出る前になんらかの手を打つことです。退会依頼が出てから、「こうしよう」とか「ああしよう」と対応しても、すでに遅いということを理解してください。

そのための対策として必要なことは、やはり常に生徒とコミュニケーションを取ることになりますが、なかなかそれができないのが現状のようです。そこで、個人面談を定期的に実施して、その都度疑問点や不満などを拾い上げたり、学習進行度を確かめたりします。生徒が子どもの場合であれば、授業参観を実施することでコミュニケーションを取りやすくしたり、母親向けに勉強会などを開催したり、英語に対する必要性や継続することの意義を伝えることも必要です。

また、出席カードを作成するとレッスン内容を保護者に伝えることもできますし、出席したらシールを貼ったり、皆勤賞を用意するなど、続ける目的作りも大切です。さらに発表会などを実施すれば、子どもたちの英語に対するモチベーションをあげることができます。

見えないものを見せるためには

英会話スクールの場合、「英語力がついた」「英会話ができるようになった」といっても、その基準は非常にあいまいです。

この「英語力」「英会話力」といった目に見えにくいものが、私たちの「商品」であるわけです。

しかし、生徒たちにできる限りリピーターでいてもらうためには、この「商品」を少しでも目に見えるように工夫しなければいけません。

目に見えるようにする工夫とは「資格」を取得することです。子どもでいえば「英検」になります。英検は、幼児から小学校低学年であれば「児童英検」、また小学校中学年からは「実用英語技能検定」いわゆる「英検」となります。

「児童英検」は、読み書きのテストではなく、リスニングが中心で、コミュニケーション能力が求められます。

一方「実用英語技能検定」は一般に「英検」と呼ばれ、読んで答えるリーディングと、ＣＤを聴いて答えるリスニングで構成されるマークシート方式のテストです。

最初は「資格なんて」と言って、あまり乗り気ではなかったお母さま方も、いったん申し込みをすると、結構真剣になり、合格するとスクールを評価してくれます。

しかし、子どもの場合、気をつけていただきたいのは、必ず不合格になる子どもが出るので、合否だけをあまり重視しないようにすることです。

検定試験の受験は、子どもたちの英語に対するモチベーションを上げるのが目的であることを、受験前から子どもやお母さまたちに伝えておく必要があります。そしてできることならば、生徒全員が受験できるようにしたほうがいいのです。成人であればそこまでする必要はありませんが、子どもの場合は、あの子は受験するけど、私は受験しないでは、わだかまりを持つ子どもが出る可能性があるからです。また、受験する子と受験しない子がいると、レッスンのカリキュラムに受験対策の内容を盛り込めず、受験する子は個々で受験の準備をしなくてはならなくなります。

そこで私は、年会費のなかに受験料を組み込み、追加料金を発生させることなく生徒全員を受験させることにしました。

受験者数や条件によっては、スクールを準会場として登録してもらえます。準会場に登録されれば、ステータスも上がります。

一度、受験をカリキュラムに取り入れることを検討してみてはいかがでしょうか。

第8章

新たな教室展開を考えるなら

～教室展開時の教室の選び方と家賃の交渉法～

8-1 賢い教室の立地の選び方

教室は目立つ場所が良い、は本当か？

教室の場所をどこにするかは、スクールを成功させるための重要なポイントです。個人経営の場合は、自宅の居間などを教室としていることが多いため、住宅地のど真ん中、ということもあります。住宅地に立地していれば、子どもが生徒の場合なら集まりやすく、通いやすいと考えられます。

実際に私が役員をしていた大手英会話スクールでも、住宅地のマンションやアパート、一軒家などを教室としていました。

生徒が徒歩や自転車で通えるといったメリットのほか、賃料が一般の店舗物件より安価だったからです。要するに、生徒とスクールの双方にメリットがあったのです。

しかし実際は、車による送迎の生徒が多く、生徒が増えれば増えるほど、送迎の車が増え、近隣からのクレームが増えました。また初めて教室に来るお客さまから、場所がわかりにくいというご意見をいただくこともありました。

これらの教訓を活かし、新たに立ち上げた英会話スクールは、駅付近や大通りに面した目立つ場所に教室を設けました。教室を目立たせるために、看板を取り付け、窓ガラスにはカッティングシートを貼りました。

また送迎への対策として、教室前で迷惑な違法駐車が発生しないように、近くにコインパーキングがある場所を選ぶようにしました。

その結果、近隣のクレームはなくなり、教室の場所がわかりやすくなり、さらに教室の看板を見たという問い合わせが、多いときで１ヵ月に十数件に達するようになりました。こうしたメリットを考えれば、教室は目立つ場所に設けたほうがよいといえます。

私がこだわった教室の立地条件をまとめると、次のようになります。

▼駅付近もしくは大通りに面した目立つ物件

▼近くに必ずコインパーキングがある物件

▼看板が取り付け可能な物件

そのほかには次のことにも気を配りました。

▼空中店舗（２階以上の物件）ではなく、できる限り１階の物件を選ぶ

これは、１階の物件のほうが人目につきやすいからです。また子ども英会話では「歌って、踊って」というカリキュラムがメインになるため、子どもたちがかなり動き回ります。下の階があると、騒音問題が起きる可能性がありますので、１階の物件を選ぶようにしました。

▼３階以上の物件であればエレベーターがある物件にする

１階の物件は、スクール以外の業種にとっても魅力があります。そのため２、３階の物件しか空きがない場合があります。これは子どもが生徒の場合ですが、保護者が未就園児の子どもを抱えて階段を登るのは大変です。そこで、３階以上の物件ではエレベーターのある物件を選びました。

▼内装は事務所仕様のものにする

物件には「スケルトン」「居抜き」などの種類があります。

スケルトン物件の場合は、内外装なしの裸状態で、当然、内外装工事費は借主持ちになります。

一方、居抜き物件とは、以前に借りられていた状態のままの物件で、基本的な内外装は施されているため、場合によっては大きく資金を抑えることが可能です。

スケルトン物件を教室として使用する場合には、壁はもちろん床やトイレなどの水周りまで工事をしなければならず、それだけでもかなりの費用が掛かるので、お勧めできません。

居抜き物件の場合、少しリフォームして使用できる状態であれば、あまり費用をかけずに教室として使えますが、たとえば元ブティックなどの場合、服などの陳列棚やスポットライト、鏡などがそのまま付いていることがあります。これらは教室には不要なもので、取り除くとなるとかなりの費用が掛かってしまいます。

一番お勧めしたい物件は、事務所として使用されていた物件です。事務所であれば、取り外さなければならない棚がありませんし、スポットライトもついていません。教室仕様に簡単に内装ができ、費用もあまりかかりません。

教室のランニングコスト

先述したように、教室は駅付近の目立つ場所が良いとはいっても、保証金や内装費などの初期投資や家賃など毎月のランニングコストが掛かります。これらの費用を削減する方法は後ほど述べますが、ここでお伝えしておきたいのは、あまり無理をして教室選びをしないということです。目立つ場所が良いのは確かですが、その場所に教室を開校したら必ず生徒が集まり、スクール経営がうまく行くわけではありません。個人経営で、自宅の一室を教室として開校し、生徒も集まりスクール経営がうまくいくケースもたくさんあります。

特にこれからスクールを始めようと考えている方には、開校する際の教室選びはよく考えてください。

私が考える目安は、家賃は3ヵ月間で集める生徒からの授業料収入でまかないます。また保証金や内装費、備品などの初期投資と家賃や光熱費、人件費などにかかるランニングコスト６ヵ月分の資金を自己資金として持っているか、もしくは借り入れできるかどうかを目安とします。

たとえば生徒募集計画で、開校後３ヵ月間で授業料１万円の生徒を20名集める予定であれば、家賃が20万円までの物件を探します。

保証金が６ヵ月分の１２０万円、内装費が１００万円、備品が50万円であれば、初期投資は２７０万円となります。また、家賃が20万円、光熱費が３万円、人件費が20万円、広告費が５万円、その他諸雑費が２万円かかるとすれば、１ヵ月に50万円のランニングコストが必要になり、合計で５７０万円となります。

これを自己資金でまかなうか、もしくは借り入れで調達できるかを目安にしてください。

看板はココに設置する

あなたのスクールに看板はありますか？

私が英会話スクールを経営していたときには、新規に教室を設ける際に、市場調査をしていました。そのときに必ず行なったのが、他スクールの存在確認でした。

他スクールの生徒状況や対象年齢、授業料、システムなどをできる限り調べていきます。調べるときにはインターネットなどいろいろな方法を使います。

まずインターネットで、近辺のスクールを調べるのですが、個人のスクールの場合、ホームページを開設しているスクールはまだまだ少ないのです。開設していても、ＳＥＯ対策がされていないため、ヤフーやグーグルなどの検索エンジンに出てきません。

そのようなときは、タウンページで住所を確認していくことになります。しかし、これも電話帳と同じで、電話番号の掲載を許可されていないケースがあるため、探しきれないこともあります。

そこで、自スクール付近を歩いて調べることになります。ところが実際に歩いてみると、個人経営の英会話スクールを見つけることはかなり困難でした。なぜなら、個人スクールの場合、看板がないことがあり、仮にあったとしても、分かりにくいことが多いからです。仕方なく、生徒の保護者に情報収集をしてもらって所在を確認したことも多くありました。

そのときは、他スクールの状況を確認するために行っていたにすぎず、特に気にとめることはありませんでしたが、現在スクール経営のコンサルティングをしていると、これはあまりよくないことだと思っています。

私は他スクールの状況を調べるための作業とはいえ、かなり真剣に手間をかけて他のスクールの存在を確認していきました。インターネットで調べたり、歩いて調べたり、さらに生徒の親御さまに情報収集をしてもらうなどして、個人のスクールの存在を確認したわけです。そのためには非常に大きな労力を要しました。

しかし、子どもに英語を考えている親や、英語を習おうと考えている学生や社会人の人たちが、はたしてそこまで手間をかけて調べるかどうかとなると、大いに疑問です。

たとえば、スクール名を知っていて、どうしてもそのスクールに入会したいと考えているならば、徹底的に調べるかもしれません。しかし一般の方たちは、私のように手間ひまかけてまで探そうとはしないはずです。その前に、他の英会話スクールが目につき、そちらに入会することを考えてしまうでしょう。

もしかしたら、あなたのスクールは、その存在さえ知られずに、英語を学ぼうと考えている人たちのスクール選びの土俵にすらのっていない可能性があるのです。

そうならないためにも消費者に「ここに英会話スクールがあるよ！」と存在をアピールする

必要があるわけです。

これは私自身も実感したことですが、消費者はこちらが思っているより、スクールのことを知りません。実際に私のスクールも知られていないことがありました。それもすぐ隣のマンションに住んでいる人に知られていなかったのです。

看板があれば、確実に大丈夫というわけではありませんが、それでもまずは看板でスクールの場所を認識させることは最低限必要です。

一口に看板といっても、実はいろいろな形をしていて、さまざまな用途があります。

看板の大雑把な性質は何でしょうか。

▼目印のため

▼よいイメージを演出するため

▼活気を演出するため

▼情報伝達のため

次に看板の種類と性質を見ていきましょう。

〈屋上看板〉

よく目にすることが多い大きな看板です。これにはふたつあって、ひとつは自教室の建物の屋上に掲げる看板で、「目印」の役割を果たします。

ふたつ目は、他の建物の屋上に掲げる看板で、主に自スクールを「認知」してもらう役割を果たします。

〈袖看板（突き出し看板）〉

教室の前や横につける看板で、やはりよく目にします。これも「目印」の役割を果たします。

〈パラペットサイン（欄間《らんま》看板）〉

その名のとおり、教室の入口の上にある看板で、いわば教室の顔になります。行灯看板にしたり、スポットライトを照らしたりすることにより、夜でも教室を明るく演出します。

〈ウインドウシート〉

カッティングシートなどを窓に貼ります。かなり自由に使えるので、教室のイメージを演出することができます。

〈A型看板〉

アルファベットの「A」の文字のように立たせた看板で、これも身近にたくさんあります。

教室のイメージを伝えるとともに、教室の店舗先に置くことができるので、一種の小道具としても使えます。

〈横断幕〉

教室の入口や側面につける幕状の看板です。活気のあるイメージを演出するには効果的です。

〈のぼり〉

宣伝方法の定番です。複数用意して立てることにより、活気のあるイメージを演出できます。

個人教室の看板

こうした看板をうまく使うことにより、教室の存在を消費者に知らすことができます。

ここで問題になるのは個人で教室を開いている場合です。上にあげたような看板の種類を見ても、いまひとつピンとこないかもしれません。自宅が教室の場合、欄間看板などは設置することができません。

そこで、個人の教室の存在をアピールする方法を紹介します。

まず、一軒家であればA型看板を使ってみてください。この看板は、出し入れをしなければいけませんが、道に置くことにより、通行している人の目に留まります。

さらに、教室の場所にもよりますが、通行する人が見ることができるのであれば、カッティングシートでイメージを演出してもらいたいです。

さらに2階建ての一軒家であれば、ベランダの部分に横断幕をつけることができます。

また、のぼりも立ててもよいでしょう。ただし、のぼりに関しては、いくつか気をつけなければいけないことがあります。

まず、風には注意が必要です。これはA看板も同じですが、特に風の強い日は、倒れる可能性があるからです。私ものぼりを使っていましたが、のぼりが倒れて、隣の駐車場にとめてある車に激突したことがありました。こうした事故を防ぐには、しっかりと重りを乗せておくか、風の強い日などはしまうなどしなくてはなりません。

次に、マンションの場合ですが、できればやはりA看板を立てておきたいものです。

マンションでも1階であれば、カッティングシートがつけられ、効果的です。2階以上の階になると、カッティングシートをつけてもベランダなどで目立たないかもしれませんが、横断幕なら目立つようにつけられます。

私は、小さな看板を表札代わりにつけるより、こうした方法で消費者に教室の所在を認識してもらうほうが効果的だと思っています。

8-2

教室を見ればわかる、お客さまへの気遣い

スクールの危機管理体制

生徒に子どもの年齢層がいる場合に気をつける必要があることがあります。それは、スクールの危機管理です。特に最近では危機管理を気にする保護者が増えています。

あなたのスクールでは、子どもの生徒がケガをしたことはありませんか？

生徒がケガをしたことがある人は、そのときに何か対策を取りましたか？

生徒がケガをしたことがない人は、今後のもしものために、なんらかの対策を考えていますか？

生徒が子どもの場合、レッスン中でも突発的で予想もつかない行動をしてケガをする可能性があります。これをすれば100％大丈夫という対策はありませんが、極力事故がおきないようにするための対策はやはり必要です。

そこで、私が行った対策をご紹介します。

▼壁やドアの角にクッションシートをつける

子どもが走ったりして角に頭や顔をぶつけてケガをしないようにするためにクッションシートをつけます。

壁だけでなく、机にもつけます。できれば机は角が丸いものを使用するようにしましょう。机の角が尖っていると、何かの拍子に顔をぶつけて顔を切ったりすることもあるからです。

▼ガラス戸があれば、板でカバーしておく

ガラス戸にぶつかって、ガラスが割れ、その破片でケガをしないようにするためにカバーをします。またガラス戸にカッティングシートを貼れば、ガラスが割れたとき飛散しないようにすることができます。

窓があれば、その窓から外に出られないようにします。できればカギは子どもの手の届かないところにもうひとつつけて、窓が簡単に開かないようにします。

教室の入口のドアも同じようにしておきます。これは、子どもが勝手に教室の外に出ていかないようにするためです。

このように、ちょっとしたことでもこれだけ気をつけなければいけないことがあります。レッスン中にどれだけ目配りをして注意していても、何が起こるかわからないのが子どもです。

特に複数の生徒で行うグループレッスンであれば、なおさらです。最悪のケースを考え、保険に加入することも検討すべきです。

損害保険会社が扱っている塾総合保険は、それほど金額が高くないので、加入しておいたほうがいいでしょう。もしものことが起きてからでは遅いのです。

また不審者のチェックや侵入対策なども、生徒の安全管理には必要です。

こうした危機管理をしっかりしておくことが、他スクールとの差別化にもつながりますし、お客さまに安心感を与えることにもなります。

8-3 経費削減の家賃交渉はこうしてする

家賃を少しでも安くするためには

やはり物件はできるだけ安く借りたいものです。

とはいえ、いくら家賃が安くても、出店したくない物件ではどうしようもありません。となると、希望する物件の家賃を低く抑えるしかありません。

「人気物件の家賃交渉は難しい」と思うかもしれませんが、交渉ができないほどの物件というのは、新築やよほど条件のよい物件だけで一握りにすぎません。

たとえばあなたが「これは人気がある物件だ！」と思ったり、不動産業者が「これは人気物件ですよ！」と言ったりしても、実際には案外そうでもない場合もあります。

そこで、ここでは私が行った家賃交渉などについてまとめてみます。

▼物件を探すときは必ず現地に行く

なかには忙しくて時間がないため、不動産業者任せにしてしまう場合もあるかもしれませんが、物件を探す際には必ず教室を開きたいエリアに行くようにしましょう。

まずは自分の目で確認することが一番です。また、現地に行けば、大家による直接契約の物件や、まだ退去したばかりで業者が仲介していない物件を見つけられることもあります。ですから、まずは現地へ、です。

▼物件周辺の状況を確認しておく

駅から離れている物件でも、小学校や幼稚園などが近くにあれば、スクールとしてはよい物件になります。他業種に適さない物件であれば交渉はしやすくなります。

▼目ぼしい物件は2、3ヵ所見つけておく

家賃交渉の際、他物件の候補がないと比較検討できませんので、必ず2つか3つは見つけておくようにしましょう。

▼必ず物件の空いていた期間を確認する

長期間空いている物件であれば交渉はしやすくなります。大家としても長期間空室であれば家賃収入がないため、値下げを了承してくれることがあります。

▼築年数を確認する

築年数が古い物件であれば、値下げ交渉はしやすくなります。さらにエアコンなどの付属設備や壁紙（クロス）などに関しても、こちらの要望を受け入れてもらいやすくなります。

これらを考慮して情報を収集し、家賃交渉をしていきます。

つぎは、内装工事が必要な場合の交渉ポイントです。

▼内装工事期間には家賃を発生させない

物件の賃貸借契約の開始日から内装工事を始めるのではなく、内装工事の終了後に契約という形にしてもらえば、少しでも家賃の負担を少なくすることができます。

▼内装工事費を大家にも負担してもらう

事務所として使用されていた物件であれば、内装工事費はあまりかかりませんが、スケルトンの物件であれば相当額の費用が発生します。そこで少しでも大家に内装費用の負担を交渉してみましょう。

▼仲介手数料について

仲介手数料とは、物件を紹介してくれた不動産業者に対して支払う手数料で、家賃の1ヵ月分というのが一般的です。

しかし、実は国土交通省の告示では、

「宅地建物取引業者（不動産業者）が貸主、借主から受け取る報酬（仲介手数料）の合計額は、家賃の1ヵ月分以内とする。貸主、借主の承諾を得ている場合を除き、それぞれから受け取る報酬額は、家賃の0・5ヵ月分以内とする」

と定められています。

ということは、貸主が仲介手数料1ヵ月分を全額負担しても問題はないはずです。しかし、不動産業者に仲介手数料の値下げを交渉すると、あからさまに動きが悪くなることがありますので、コストを下げたいのであれば、仲介手数料を半月分にしている不動産業者を探すか、もしくは大家に支払う礼金や保証金の償却部分を下げるよう不動産業者に交渉してもらうようにしましょう。

物件退去の際に起こるトラブル

さて、今の教室よりもっとよい教室を見つけた場合、移転ということになります。そこで、退去する際のトラブル対処法についても述べておきます。

退去する際には、必ず原状回復費というものが請求されます。原状回復費で参考になるのが、国土交通省のガイドラインです。

ガイドラインでは、次にかかる費用は退去する際に居住者が負担しなくてよいとされています。

- **ハウスクリーニング**
- **畳の表替え**
- **ふすまの張替え**
- **クロス**

これらにかかる費用は、故意的にキズをつけた場合以外は、通常消耗として負担する必要がないとされています。基本的に通常消耗にかかる減価償却分は、家賃に含まれると考えられるからです。

また、自然損耗（日常生活で自然に生じる汚れや損耗）箇所にかかる費用も修繕費として家賃に含まれているため、負担する必要はありません。たとえば、日焼けなどによる壁紙（クロス）の汚れや、書庫や机の重みでついたタイルやカーペットのへこみは修繕費に含まれているので負担しなくてもよいということです。

▼借主に強制的に鍵交換をさせることはできない

不動産業者によっては、入居時、もしくは退去時に強制的に鍵交換を行うことがあります。その費用はだいたい15000円から25000円くらいになります。

しかし、安い鍵屋で購入すれば、取り付け工事費込みで7000円程度ですみます。ピッキング防止に効果が高いディンプルキーでさえ、取り付け工事費込みで15000円前後ですみます。実は、不動産業者が要求する金額との差額は不動産業者の収入になっているのです。そのため不動産業者によっては、強制的に鍵交換を行うのです。

ちなみに鍵交換については貸主・借主ともに義務を負っているわけではありませんが、もし入居者の入替え時に必ず交換をするということであれば、その費用は家主が負担するのが適当であるとされています。

▼原状回復費について

退去する際には、不動産業者か大家が立会い、原状回復費について要求されますが、その場では即答しないようにしましょう。また、自分からキズの箇所を言う必要はありません。

後日見つかったキズに関しては、立会い時に言われていないと拒否しましょう。明らかに相手側のミスだからです。

また、必ず見積もりを出してもらいましょう。その後、見積もりとガイドラインを照らしあわせ、自己負担と大家負担を分けていくようにします。

返答は口答ではなく必ず書面で行ってください。あとになって、言った、言わない、という争いにならないようにするためです。

通常に使用していて、原状回復費が保証金（敷金）以上になることは考えられません。

もし、もともと保証金（敷金）が少ない場合は、大家の考えの甘さを指摘しましょう。そのような大家は保証金（敷金）の意味合いを履き違えています。借主が夜逃げした場合や、破産した場合には原状回復費を請求しても払われない可能性がありますが、そうした事態にそなえるために保証の意味で保証金（敷金）を預かっているわけですから、退去時になって足りませんでした、では済みません。

最後になりますが、物件の問題は法律に関わってくる部分もありますので、場合によっては弁護士などしかるべきところへ相談することも必要になります。

第9章

経営難に陥る前に

~スクールがなくなる前に考えておきたいこと~

閉鎖してしまうスクール

価格競争に巻き込まれないために

学習塾では、合格率や合格人数などの実績をアピールして、他スクールとの差別化を図ろうとするケースが見られますが、この点はよく考える必要があります。確かに合格率や合格実績はわかりやすいかもしれませんが、それを他スクールとの差別化のメインコンテンツにしただけでは少し足りない気がします。

同じように英会話スクールでも、「楽しく英語が学べます」だけでは、どこのスクールも消費者には同じように見えるので、差別化は難しくなってきます。

親は、その塾やスクールが自分の子どもにマッチしているかどうかが知りたいのです。

たとえば学校の成績があまりよくなくて、勉強もしない子どもの場合であれば、どのように指導し、どのように志望校へ合格させてくれるのか、ということが知りたいのです。いくら塾全体の合格率が高くても、塾のノウハウが自分の子どもに合っていなかったら、あまり関心を示してくれません。

また、内気でなかなか人の中で楽しめない子どもの場合であれば、そのスクールに入って周囲になじめるかどうかを気にします。いくら「楽しく学べます」といっても、子どもが周囲になじめなかったら、楽しく学べません。

もし塾やスクールの差別化が消費者にうまく伝わらなければ、消費者は価格に目を向けるようになります。

Aスクールと Bスクールの合格率や合格実績が、消費者の目から見てほとんど差がなければ、授業料の安いスクールを選ぶのは当然なことです。そうなると価格競争となり、体力戦に突入します。

そこでもう一度、スクール経営にかかる主な経費を振り返ってみましょう。先述したように、次の3つが主な経費です。これらが支出のなかで多くの割合を占めています。

▼教室にかかる地代家賃
▼講師などにかかる人件費
▼生徒募集のための広告宣伝費

スクールが価格競争に巻き込まれ授業料を安くしようとすれば、まずは細かな経費を削減します。それで追いつかなければ、これら3つのなかのどれかを削らなくてはなりません。しかし、それには副作用がともないます。

たとえば、地代家賃を削減し、教室の立地が悪くなったら、内装が雑になったり、生徒に不便を感じさせたりします。

また人件費の削減のため、講師の人数を減らしたり、研修をしっかりせずに講師に授業を受け持たせたりすると、授業の質が低下していきます。さらに、生徒募集のための宣伝広告費を削ってしまうと、新規生徒の入会が減り、スクールの収入に直接影響してきます。

このように価格競争に突入すると、スクール経営に大きな影響を与え、場合によっては経営そのものを脅かします。

資金力があるスクールであれば、他のスクールがつぶれるのを待つことができます。そしてつぶれたスクールの生徒を一気に自分のスクールの生徒として確保することができますが、一度下げた授業料はそう簡単に上げることができず、なかなか収益は改善されません。

収益が改善されないままでいると、いくら資金力があっても、あなたのスクールもやがてつぶれてしまいます。企業努力として、安価でより良いサービスを提供することは必要ですが、無理をすれば、先は見えてしまいます。

しかし、なかには先ほど示した3つの経費削減をうまく行っているスクールもあります。

たとえば、「教室にかかる地代家賃」を講師の自宅やカフェなどを教室にして削減し、授業料に還元するスクールがあります。

また、マンツーマンレッスンにすることにより、正社員ではなくアルバイトで対応し、「講師にかかる人件費「を削減しているスクールもあります。

このように、単に価格を下げるだけでなく、スクール経営のスタイルを変えて対処するという方法もあります。

何はともあれ、スクールを閉鎖してしまえば、そのスクールに通っている生徒に迷惑がかかってしまいます。

ですから、価格競争に巻き込まれないようにスクール経営をしていかなければいけません。

そのためには「今まではこれでよかった。だからこれからもこのままいく」ではなく、「今まではこれでよかったが、今後もこれでよいのだろうか」という姿勢でスクール経営を見つめていかなくてはなりません。

9-2 スクールの利益を上げる方法

利益を上げる3つの要素

スクール経営で利益を上げるには、次の３つの方法があります。

▼生徒数を増やす
▼客単価を上げる
▼継続率を上げる

これらの要素を、バランスよくアップさせることにより、利益を格段に上げることができます。たとえば、すべてが20%ずつ向上すると、

【120%×120%×120%＝172.8%】

となり、収益は70%以上増えます。ひとつの要素を70%アップさせるのは困難ですが、３つの要素を組み合わせれば比較的に簡単になります。

ところが、生徒数ばかりに目が行き、継続率や客単価を上げることをあまり考えていないのが多くのスクールの実態です。

特に客単価を上げることに関しては、多くのスクールはまだまだだと思います。

たとえば客単価を上げる方法で、きっと真っ先に思いつくのは「授業料の値上げ」ではないでしょうか。しかし客単価を上げるために、むやみに授業料を値上げしていたら、次第に生徒が離れていきます。それでは継続率を下げることになり、良くない口コミが発生し、生徒数も増やせません。

一般的に、客単価を上げる方法には、「クロ

スセル」と「アップセル」のふたつの方法があります。「クロスセル」とは、ある商品に関連する別の商品を販売促進することをいいます。

お店に買い物に行くと、つい関係のないものまで買ってしまうことがあると思います。たとえば、コンビニのレジの近くにあるガムに手を伸ばしてしまったり、ハンバーガーショップで、「ご一緒にポテトもいかがですか?」と言われて、つい注文してしまうのは典型的な例です。

最近、趣味でぬり絵を始める人が増えているようですが、あるお店では、ぬり絵の隣に必ずある商品を置いています。それは「色鉛筆」です。これも「クロスセル」を取り入れた販売方法といえるでしょう。

一方「アップセル」とは、購入した商品の買い替えやアップグレード品を提供し、「より上位の高額な商品」の購入を促す方法です。

たとえば、洗濯機の旧モデルを格安販売したとします。すると洗濯機の新規購入や買い換えを考えている人たちが集まってきます。そこで、その旧モデルの隣に新モデルを置き、新製品の機能や特徴を紹介します。このように「目玉商品」で消費者の目を引き、購入を前向きに考えた人に対して上位の商品を提案します。

小売業を例に説明したので、「理解はできたけど、スクール経営にあまり関係ないのでは……」と思われたかもしれません。しかし、私はこの方法はスクール経営でも使えます。

たとえば「クロスセル」で関連商品を販売することに関しては、教材やイベント、留学などを販売することが考えられます。これにより、客単価を上げることができます。

また「アップセル」に関しては、内容や金額のグレードを上げたレッスンを提供することにより、客単価を上げることができます。

このように考えれば、客単価を上げ、スクール経営の利益を伸ばすことが可能になります。アイデア次第で収益は格段に向上するのです。

9-3 副収入を考える

簡単な教材を作成して販売してみる

レッスンに使う教材を売れば、それはいわば副収入となり、「クロスセル」を行ったことになります。

ところで、あなたのスクールではレッスンに使用する教材は生徒にどのように渡していますか？

▼原本になる教材があり、それをコピーして渡している。
▼教材はあるけど原価で譲っている。
▼安く仕入れて教材に利益を乗せて販売している。

一番良いのは、やはり利益を乗せて販売することでしょう。

なかには、「そんなところで利益を取らなくてもいいじゃないか」と思い、原価で販売したり、もしくはコピーを渡したりしているスクールもあると思います。

すでに生徒から授業料を頂いているので、それ以上の負担を掛けたくない、という気持ちはわかりますし、否定もしません。

収益が高く、資金繰りもしっかりとできていれば、何も言いません。

しかし、収益が低く、資金繰りも逼迫している状態では、ただのきれいごとになってしまいます。スクールは、営利目的で行われる事業であることを忘れてはいけません。

そうであれば、利益を追求することは必達事項です。教材に利益を乗せるのはわずかかもしれませんが、決してバカにできません。また、教材に利益をのせれば、よい教材を販売しようと努力することにもなります。

レッスンのノウハウが蓄積され、自スクールで教材を作成できるようになれば、それを生徒に販売することでさらに利益は向上します。

たとえば、子ども英会話スクールであれば、絵カード（動物、野菜、果物など）を作成し、その絵カードの使い方をセットで販売すれば、実際に生徒が自宅でも使うことができるようになり、学習効果はさらに上がります。

さらに、インターネットによる販売も可能ですので、ホームページ上で教材を紹介し、それを購入してもらえば、新たな見込み客になります。まさに一石二鳥です。

イベントを実施して利益を確保する

私の英会話スクールでは、春休みにはオーストラリアへの短期海外学習や東京ディズニーリゾート、夏休みには北海道キャンプやカナダへの短期海外学習、冬休みにはスキーキャンプなどを実施していました。

こうしたイベントは生徒の興味を引くだけでなく、他スクールとの差別化を図ることもできました。

夏休みの思い出の感想文を書くために家族旅行をしようと思えば、家族4人分の1泊2日の旅行の食事や交通費などで10万円を越えることもあります。英会話スクールのキャンプに参加させれば、思い出作りにもなりますし、何より出費も少なくてすみます。

このように、イベントには親にとっても多くのメリットがあるわけですが、スクールがその段取りから引率まで行う必要があり、その業務は決して楽ではありません。

しかし、イベントを行うことで、かなりの収入が得られます。「1泊2日の夏休みのキャンプ」の場合、対象年齢者数の30％、300名が参加していました。2万円前後で販売していたので、これだけで600万円の売り上げになります。利益率は約20％でしたから、約120万円の利益が入る計算になります。

またオーストラリアやカナダへの海外学習は、30万円から40万円で販売し、参加者は各50名前後でした。この売り上げは、1500万円から2000万円になります。利益は、1名につき5万円を計上していたので、500万円の利益を得ていました。

このように、参加者をしっかりと集めれば、何百万円、何千万円という利益が上がります。

子どもや親がスクールを選択する際の決め手にもなるのですから、少しでもやってみない手はないと思います。

9-4 年会費制を検討する

入会金ではなく年会費にする

入会時に入会金を徴収しているスクールは多いと思います。あなたのスクールでも入会金を徴収しているのではありませんか？

入会金が免除とか50％オフといったキャンペーンをよく見かけます。特典として一番設けやすいからでしょうが、いずれにしても、キャンペーンに利用されるということは、入会金が収入としてあまり重視されていない証拠です。

先に述べましたが、私のスクールでは入会金ではなく、年会費を徴収していました。

年会費を１０５００円（税込）とし、毎年４月末に生徒の口座から自動引落しさせていただいていました。

そのため５月の初旬には生徒人数×１０５００円のお金が入金されます。これが毎年続くわけですから、キャッシュフローは入会金を徴収するよりも格段によくなります。入会金の場合、入会したときだけしか入金されないからです。

ただし、年会費は前受け金になりますので、入金になったからといって、すぐに全額使ってしまえばあとで大変なことになります。

さらに、年会費をどのような用途で使用するのかを、生徒に説明しておく必要があります。支払ってもらって、何も生徒に還元しなければ必ずクレームが発生します。

年会費制を導入する際には、事前にしっかりと年会費の内訳を説明しておくとよいでしょう。

ちなみに、私のスクールでの年会費の内訳は次のとおりでした。すべて消費税込みです。

・授業料引落し手数料	1260円
・冷暖房費（夏季、冬季）	1260円
・レッスンカレンダー代	210円
・国連英検受験料	5250円
・授業参観関係費	1050円
・その他諸雑費	1470円
合　　　計	**10500円**

お客さまから問い合わせがあった場合には、このように年会費を使用していることを伝えました。

しかし、ここまで内訳が明確になっていたら、年会費はすべて経費にまわり、利益が得られないのではと思われるかもしれません。

もちろん、年会費が全額経費として使われてしまっては意味がありません。利益を考えて経費削減に努力していく必要はあります。たとえば、スクール側が負担している授業料引落し手数料を生徒の負担にするだけでも経費削減になりますし、引落し手数料は金融機関との交渉によって金額を下げることも可能です。経費を削減すれば、余った年会費はすべて利益に変わっていきます。

私の場合では、年会費の約40％が利益になっていたので、単純計算で生徒人数×４０００円が毎年利益となりました。これは１回限りの入会金と違い、毎年必ず入金されるので、スクール経営にかなりの好影響があります。

ただし、年会費制度の導入を検討するのであれば、税務上の問題があるので、必ず顧問税理士と相談してください。本書は税務関係の解説書ではないので、この点は省きますが、かなり面倒なことになる場合がありますので、顧問税理士と相談することを忘れないでください。

9-5 最後の手段、授業料を値上げする

授業料値上げをスムーズに行う方法

「生徒募集がうまくいかない」「生徒の退会が止まらない」「スクールの収入が減っていく」

スクールを経営していくなかで、このような深刻な状況に直面し、このままいけば教室閉鎖、さらに倒産というような危機に瀕することもあるかもしれません。そうなれば、お客さまである生徒に一番迷惑をかけてしまいます。

こうした状態を回避するための方法について紹介しましょう。

もし本当に収入減によりスクール経営がうまくいかないようであれば、授業料を値上げするしかありません。

しかし値上げの仕方を間違えると、生徒が不信に思い、退会へとつながってしまいます。それでは収入が増えず、値上げした意味がありません。

ここでは、私が役員をしていた英会話スクールで、クレームも退会者もほとんど出さなかった授業料の値上げの方法をご紹介します。

私がいた英会話スクールでは、値上げを何度か行ったことがあります。25000名の生徒に対し、一律1000円の授業料の値上げを実施したことがありました。たった1000円と思われるかもしれませんが、これで1ヵ月の収入は2500万円増、1年間では3億円増になります。とはいえ、ここで退会者が多く出ると、収入増にはなりません。そのため、いかに退会

者を出すことなくスムーズに授業料の値上げを行うのかがポイントになってきます。

値上げ後の実績ですが、値上げに対するクレームは13件でした。生徒数のわずか0・05％です。また退会者は、89件でした。割合にすると、たったの0・356％です。

この数字を見てお分かりになると思いますが、ほとんどクレームや退会者を出すことなく授業料の値上げを行うことができました。

では、どのように授業料の値上げを行ったのか。そのポイントは次の3つです。

▼1　値上げは2段階で行う
▼2　第1段階は通知から半年後、第2段階は1年後を目処に行う
▼3　新規入会者は、通知後から値上げした授業料を請求する

これらの点についてもう少し詳しく説明します。

▼1　値上げを2段階で行う

値上げを2段階で行うのというのは、たとえば1000円の値上げを実施しようとした場合、一気に行うのではなく、500円ずつ段階を追って値上げすることです。

▼2　第1段階は通知から半年後、第2段階は1年後を目処に行う

最初の値上げの通知は、値上げを予定している半年前に行います。いきなり「来月から値上げします」では、生徒からのクレームが発生しやすくなりますので、半年程度の猶予期間を設けて通知する必要があります。また、第2段階の値上げをさらに半年後とすれば、生徒に十分な猶予期間を与えることができます。

▼3　新規入会者は、通知後から値上げした授業料を請求する

新規入会者は、通知を行った時期から新授業料で受講するようにします。もちろんパンフレッ

ト、チラシなどはすべて新授業料に変更しておくことが必要です。こうして、他の生徒はすでに値上げした新授業料を支払っているという状況をつくります。

いかがでしょうか。そんなに難しいことではないと思います。これは私がいたスクールだからできたわけではなく、あなたのスクールでも、また他の人のスクールでもできる方法です。

授業料を値上げする際には、必ずなぜ値上げをするのかという大義名分を用意しておく必要があります。

ただし、スクール経営がきびしいからとか、生徒募集がうまくいっていないから、とは間違っても言わないでください。経営の窮状が生徒に知られたら、それこそスクールへの不信感につながるからです。

ですから、たとえば「教室をより快適に充実したものにする」「講師のレベルをさらに向上するため」など、値上げにより提供するサービスが充実することを大義名分にするようにしましょう。

授業料の値上げで収益が改善されても、その後のスクールの生徒減少に歯止めがかからないようでしたら、その場しのぎにしかなりません。

そうならないためにも、しっかりと事業計画をたて、資金繰りを管理していく必要があります。どんぶり勘定では、スクールを経営していくことはできません。きちんと計画を立てて行動してください。

9-6 やはり必要な事業計画書や資金繰り表

事業計画書や資金繰り表が必要な理由

会社を経営するためには、事業計画書や資金繰り表が必要です。

事業計画書や資金繰り表がなくてもうまくいっているスクールもありますし、作成していても苦しいスクールもあります。しかし、それでも事業計画書や資金繰り表は必要です。

商売の基本は、「出を入より抑える」ことです。これはスクール経営も例外ではありません。

収入のほうが支出より多いスクールは、当面の資金繰りには問題がないかもしれません。しかし、その状態が永久に続くかどうかはわかりません。そのためにも、「その状態がいつまで続くのか?」「どのようにすれば続くのか?」の計画をしっかりと立てておく必要があります。そのためには、事業計画書や資金繰り表は欠かせません。

とはいえ、会社は計画通りには行きません。これはスクール経営でも同じです。

体力があるからと言って、地図なしで山登りする人はいません。事業計画書や資金繰り表を作るのは、これと同じです。

事業計画書も資金繰り表も、いわば「会社の地図」になります。あなたは地図なしで前に進みますか?

金融機関から資金を借入しようと思えば、事業計画書は必要不可欠なものになります。金融機関は事業計画書をもとに、そのスクールがどのように利益を上げ、借入金を返済していくのかを見るからです。

なかには「事業計画は経営者である私の頭の中に入っている」と言う方もいらっしゃいますが、金融機関からは「事業計画が頭の中に入っているだけでは、事業計画を立てていないのと同じです」と言われるのがオチです。金融機関は、理詰めで目に見える資料でしか評価をしないからです。

実際に事業計画書を作成しているうちに、今後どのように事業を行なっていけば、業績が上がるのかということが整理されますので、ぜひ作成してみてください。

事業計画書や資金繰り表の作成方法

「資金繰り表なんて作ったことがない！」「事業計画書の作り方がわからない！」という方のために、まず資金繰り表の作り方について簡単に説明していきます。まずはスクールの1ヵ月の収支をしっかりと把握しましょう。経費には、固定経費と変動経費があります。

▼固定経費…家賃や人件費、水道光熱費など毎月必ずかかる経費

▼変動経費…広告費、印刷代など売り上げに比例してかかる経費

今、自分のスクールでは、固定経費がどのくらいかかっているのか、変動経費はどのくらいなのかを書き出すことにより、1ヵ月の支出が分かります。ここまで、できれば今度は1ヵ月の収入を出してみましょう。そうすると、1ヵ月の収支が出来上がります。

続いては1年分の収支の作成です。出来上がった1ヵ月の収支を基に、1年分の資金繰り表を作ってみましょう。エクセルなどの表計算ソフトを使用すると便利です。まず1ヵ月の収支を12ヵ月分コピーして貼り付けます。この状態が現状維持の1年間の資金繰り予定表になります。ここに1年の計画を落とし込んでいきます。

具体的には、

▼宣伝広告費をどの時期に投入するのか
▼生徒の増減する時期はいつなのか
▼季節的な収入・支出

などを反映していきます。これらの事項を計画に盛り込んで入力していきます。ここは慌てずにじっくりと考えてください。

これで1年分の資金繰り表ができあがります。

参考として、私が作成した資金繰り表の雛形を載せておきます。

事業計画書の作成方法

次に事業計画書ですが、事業計画書を作成する際には、先行き3～5年くらいの資金繰り表を作成しておけば、それを利用することができます。

スクールでは授業料収入が現金で、他業種のように、小切手や手形での回収や売掛金がほとんどないため、資金繰り表が事業計画書として使えるのです。

事業計画書は、将来の業績を良くしていくために作成するものなので、計画上は業績が右肩上がりになっていくと思いますが、その際、その根拠を計画書に記述し、金融機関が納得いくような「重み」を加える必要があります。今後どのように売り上げ・利益を上げていくのか、具体的な数値も必要になります。たとえば、「将来は、新しい教室を展開することによる生徒増加と、既存の教室ではこのように売り上げを伸ばすので、業績は伸びていきます」ではな

○○株式会社　資金繰り表

		予想	実績	予想	実績	予想	実績
		H18/10	H18/10	H18/11	H18/11	H18/10	H18/10
授業料収入							
年会費							
イベント収入							
イベント原価							
その他							
収入計		0	0	0	0	0	0
人件費		0	0	0	0	0	0
	従業員人件費						
	支払授業料						
	法定福利費						
	賞与引当						
	その他						
地代家賃							
支払手数料							
支払リース料							
租税公課							
旅費交通費							
通信費							
広告宣伝費							
消耗品							
保険料							
交際費							
支払利息							
その他							
支出計		0	0	0	0	0	0
経常収支		0	0	0	0	0	0
設備収支							
	借入						
	貸付金回収						
財務収入		0	0	0	0	0	0
	借入金返済						
	その他						
	貸付金実行						
財務支出		0	0	0	0	0	0
財務収支		0	0	0	0	0	0
資金収支尻		0	0	0	0	0	0
前月繰越							
次月繰越							

○○株式会社　事業計画書

		実績	予想	実績	予想	実績	予想
		H○/○	H○/○	H○/○	H○/○	H○/○	H○/○
授業料収入							
年会費							
イベント収入							
イベント原価							
その他							
収入計		0	0	0	0	0	0
人件費		0	0	0	0	0	0
	役員報酬						
	従業員人件費						
	支払授業料						
	法定福利費						
	賞与引当						
	その他						
減価償却費							
地代家賃							
支払手数料							
支払リース料							
租税公課							
旅費交通費							
通信費							
広告宣伝費							
消耗品							
保険料							
交際費							
支払利息							
その他							
支出計		0	0	0	0	0	0
経常利益		0	0	0	0	0	0

く、「将来、新しい教室を、○○年△△月に開校することにより、生徒増加が見込まれ、○○年には○百万円の売り上げ増につながります。また既存の教室では、新たなカリキュラムを導入することにより、売り上げ単価を上げ、△△年には△百万円の売り上げ増につながります。また不採算性の教室をピックアップし統合することにより、地代家賃を××年には×百万円、自然減と希望退職により人件費を○○年には○百万円削減し、△△年には利益を△百万円、××年には×千万円になります」などと、「具体的な数値」を盛り込むことにより、計画書は訴求力を増します。

また、自スクールの問題点とそれを改善する対策を盛り込むことも必要です。良いことばかり書いてある計画書は、見る側には、「うそっぽい事業計画書」に映ります。たとえひとつでも自スクールの問題点をあげておき、改善対策などが書いてあれば、「実のある事業計画書」に映ります。これらの点を考慮していけば、説得力のある事業計画書ができあがります。

おわりに

少子化が進み、今では公立の小中学校ですら大幅な統廃合が検討され、大学も全入時代突入と言われ生き残りに必死です。

スクールも例外ではありません。厳しいことを言うようですが、「むかしはチラシを新聞に折り込んだだけで、生徒が集まったのに……」と過去の余韻に浸っているようでは、先はありません。生き残り、さらなる発展を望むのであれば、今までとこれからは違うことをしっかりと認識しなければいけません。いつまでも通用しなくなったむかしの考え方を引きずっていては、スクール経営が行き詰まるだけです。

あなたが経営者なら、大切な社員のために、講師のために、お客さまである生徒のために、そして彼らと自分の家族のためにも、何が何でも儲ける算段を整えなくてはなりません。

しっかり儲けるために、今までとは違う何かを求められているのであれば、本書はあなたのお役に立つことができると思っています。

しかし、本書を読んでいただいただけで、実行していただけなければ、あなたのスクールに変革をもたらすことはできません。

スクール経営に変革をもたらすには、一にも二にも、本書で紹介したことを「実行」することです。「実行」することによって、あなたのスクールは意識の面でも、収益の面でも劇的な変化を起こす、と私は自負しております。

まずは本書で示したことを、ひとつでもふたつでも実行に移してみてください。そして、あなたのスクールがすばらしいスクールになることを祈っております。

平成20年5月　佐藤　仁

Ⅲ 著者紹介 Ⅲ

佐藤　仁（さとう　ひとし）

スクールコンサルタント

1971年 愛知県生まれ。大学卒業後、名古屋が本社の中部地区最大手英会話教室に入社。経理・総務・財務担当役員と営業本部長を兼務。最盛期25,000名以上の生徒を管理するシステム等を作り上げ、中部地区最大規模の子ども英会話教室にする。

2003年、同社の子会社を設立し代表取締役に就任。東海・北陸地区に２年間で、30教室6,500名の生徒を集め、単月黒字化を達成。その後、英会話教室コンサルタントとして独立し、英会話教室の立ち上げや生徒募集方法の指導のほか、退会防止方法、講師管理、外国人採用、資金相談など多岐にわたる指導・アドバイスを行ない好評を得る。１年間に430以上の各種スクールをコンサルティングをして数多くのスクールの生徒数を倍増、３倍増に導く。メールマガジン『英会話教室の病院』はまぐまぐのお勧めメルマガとして認定され約１万人の読者を有する。

ホームページ　http://www.no-border.com
メールマガジン　http://archive.mag2/0000191621/index.html
メールアドレス　info@no-border.com

企画・担当：斎藤治生

カバーデザイン：清水大亜（diamond graphics）

編集・制作・進行：神原博之

編集協力：斎藤道子

【お問い合わせについて】
本書内容を超える個別事例等のご質問や、電話質問には一切返答いたしかねますのでご承知おきください。ご質問は著者ホームページまたは技術評論社ホームページ（http://www.gihyo.co.jp/）より『書名、該当ページ、氏名、ファックス番号、メールアドレス』等の明記の上、送信をお願いいたします（個人情報は返答のみの目的で使用し、返答後に速やかに削除します）。

スクール&教室運営《きょうしつうんえい》のための
「生徒集客《せいとしゅうきゃく》バイブル」

2008年7月10日　初　版　第1刷発行
2016年9月10日　初　版　第6刷発行

著　者　佐藤《さとう》　仁《ひとし》
発行者　片岡　巌
発行所　株式会社技術評論社
東京都新宿区市谷左内町21-13
電話　03-3513-6150　販売促進部
03-3267-2272　書籍編集部
印刷／製本　港北出版印刷株式会社

定価はカバーに表示してあります。

ISBN978-4-7741-3508-3 C3034

Printed in Japan